绝对成交

批量复制销售冠军

ABSOLUTE CLINCH A DEAL

朱金桥 著

企业管理出版社
ENTERPRISE MANAGEMENT PUBLISHING HOUSE

图书在版编目（CIP）数据

绝对成交：批量复制销售冠军 / 朱金桥著 . —北京：企业管理出版社，2020.7

ISBN 978-7-5164-2144-4

Ⅰ.①绝… Ⅱ.①朱… Ⅲ.①销售—方法 Ⅳ.① F713.3

中国版本图书馆 CIP 数据核字（2020）第 087384 号

书　　名：	绝对成交：批量复制销售冠军
作　　者：	朱金桥
责任编辑：	李　坚
书　　号：	ISBN 978-7-5164-2144-4
出版发行：	企业管理出版社
地　　址：	北京市海淀区紫竹院南路17号　　邮编：100048
网　　址：	http://www.emph.cn
电　　话：	编辑部（010）68414643　发行部（010）68701816
电子信箱：	qiguan1961@163.com
印　　刷：	北京明恒达印务有限公司
经　　销：	新华书店
规　　格：	170毫米×240毫米　16开本　19.5印张　210千字
版　　次：	2020年7月第1版　2020年7月第1次印刷
定　　价：	78.00元

版权所有　翻印必究·印装错误　负责调换

序　言

绝对成交：新时代的营销工业化突围

从资源时代到运营（效率）时代

经济活动竞争的实质，其实只是在竞争两个事情：一个是资源，另一个是资源的利用效率。

我很幸运，经历了中国经济跌宕起伏的年代，也亲历了现代中国市场经济的时代变迁。从20世纪80年代的起步，到90年代中国制造的突飞猛进，再到新千年后互联网经济的崛起与兴盛……，我们称之为中国经济的资源时代。各种力量你方唱罢我登场，在其间上演战国时代般的角逐与比拼，期间无不充斥着对各类资源的获取与占有。

从某种意义上讲，那是只属于部分人的幸运！

近年来，随着全球经济的整体衰退与普遍增长乏力，形势开始变得大为不同。一枝独秀的中国经济奇迹也开始进入转型升级的新征程，一大批靠资源与运气成功的企业，终于在短短几年间凭着实力赔光了先前靠运气赚的钱！

运营（效率）的时代已来！

比拼实力的时代终于到来，这将是更多人的精彩！也因此，我们认为市场营销会有更多机会。

近20年来，我做过一线销售，当过咨询顾问，后又从事企业运营管理工作，再到近年来重新回归咨询行业，继续致力于帮助成长型企业实现市场化转型。在帮助各行各业的企业用工业化的方式进行企业营销（业务）系统升级的过程中，越来越强烈地感受到了时代的变迁和市场环境的加速变化。众多成长型企业在新的市场条件下，企业的营销模式亟须转型，才能有效突破当前的发展困境。

曾有企业家问：朱顾问，你见了那么多的企业，有没有觉得现在做企业越来越难？

这是个非常好的问题！

如果重复原有的做法，确实会越来越难。如果能快速调整思路和方式、方法，则会越做越好，越做越简单。其中，系统性的营销工业化升级是关键！本书的绝对成交方法论和实战方法正是在这样的条件和背景下形成的。特别感谢这些优秀企业家的激发与赋能！

我们先从成长型企业的营销困境谈起。

成长型企业的三大营销困境

（1）市场困境

随着我国经济经历30多年的高速增长，市场已从产品与技术导向的产品时代向客户中心的客户时代悄然转向，供过于求的现象在各个行业和产业明显出现。

在我们接触的企业案例中，产品或技术思维在很多企业中依然根深蒂固。大量的管理者认为只要产品好，企业的发展就没有问题，即使他们已处于困境之中。然而，不争的事实却是：经过大浪淘沙之后，企业间的产

序　言

品其实都差不多！

在这样的背景下，企业生存和发展的压力空前巨大。一方面，市场空间依然巨大，企业原有的市场开发方式与客户维护难度加大，团队看不到新的市场机会，或有机会也抓不住，企业增速放缓或不及预期，企业规模多年徘徊在某个水平难以突破，遭遇成长瓶颈；另一方面，一些企业已经取得了一定的市场地位，但企业间的做法却越来越趋同，呈现出明显的"无差别化"趋势，价格战似乎成为同行间竞争的不二选择。很多企业难以适应这种激烈的同质化竞争，被迫进入价格战，或纷纷倒下。

（2）管理困境

随着市场的变化，企业营销战略的落地效果变差。从公司高层战略到一线执行，走形严重。日常营销管理工作靠惯性，经验主义倾向严重，营销管理举措很多，组织架构也一改再改，但是管理办法常常换汤不换药，市场管理动作做了不少，但是常常看不到效果；管理层的想法落不了地，市场一线的声音也无法得到有效回应和处置，各种问题依然存在，甚至有些还变得越来越严重。企业内部的各种对抗也因此增多，传统营销管理模式不再给力。

原本成功的营销"高手们"突然发现，原有的营销管理经验在新的市场环境下陡然失效！

变天啦？！

（3）团队困境

随着市场红利的逐渐消失，企业中高层管理团队也同样遭遇发展瓶颈。

首先表现在团队构成上断层、分化严重：企业无梯队甚至没有中间团队，核心层缺乏有效的中基层支撑。管理层相对固化，甚至相当一部分人在相关管理岗位上十数年来没有什么变化，中基层团队则更是看不到希望。新人则进不来、待不久，也长不大，变动频繁。

其次，因为无法对市场目标有效突破，核心高管表现出明显的个人发展瓶颈，部分核心人员的发展动力严重不足，营销团队则对实现高目标普遍缺乏信心，无法适应企业新阶段期待的持续、高速增长需求，但企业通常也没有更好的选择。空降的"高级人才"一批批倒下，企业从此进入"无人可用"，又不得不用的怪圈和恶性循环。

此外，相当一部分企业的大部分业绩通常由一部分销售"能人"贡献，客户资源往往集中在少数"能人"身上，并且有进一步加剧的趋势。因"能人"无法复制而机制不敢轻易调整，同时营销"能人"又觉得自己被"僵化"的机制"束缚"，无法有效施展。这种现象非常典型，尤其是当销售人员的年收入突破50万以后，这种情况会变得更为突出，自立门户的不在少数。在此情形下，企业存在明显的经营风险。

人才，尤其是销售人才的批量成长成为当务之急！成长型企业的持续成长之路，真的要受困于此吗？

为什么营销工业化能帮助企业突出重围

营销有两大作用：一是让产品或服务好卖，降低销售的难度和门槛；二是要卖好产品和服务，实现销售。

从"跑马圈地"到"精耕细作"，企业的营销思考与方法论亟待进行系统升级。绝对成交方法论（以下简称营销工业化）旨在新的时代背景下，帮助成长型企业实现营销系统和模式的工业化升级，走出当前的营销困境；帮助更多有志于在销售领域有所作为的销售人员，快速复制和超越销售高手，实现个人职业梦想。具体体现在三个方面：

- ■ 开发和挖掘企业的营销资源潜力，提升客户资源的整体利用效率，

序　言

并与日常销售管理工作结合；
- 激发企业整体的营销活力，批量复制优秀的销售人才；
- 实现企业营销系统的流程化、标准化升级，助力企业实现可持续的业绩倍增。

鉴于我们接触到的大部分成长型企业现阶段尚无能力通过一定的资源投入完成品牌或渠道建设，更多的还处于以人员销售为主的直接销售阶段，所以，本书不再就营销与销售进行无谓的区分了，请允许我将它们混为一谈。

本书是笔者近20年咨询和企业管理实践的系统总结与沉淀，试图通过个人的努力，用方法论+实战方法推动新常态经济形势下成长型企业的市场化转型。本书不仅有对众多销售高手成功经验的沉淀，更是在实践基础上形成的系统营销实战方法论，是集体实践智慧的系统梳理与呈现。

在企业咨询落地的过程中，很多非营销岗位的人员也表示收获很大。他们认为，营销工业化的方法论、工具和方法，不仅帮助他们打开了思维边界，提升了思维的高度，解决了日常工作和生活中的很多困扰，还帮助他们找到了新的努力方向。

真是：人生无处不营销！

所以，本书既适合企业的高层管理者，它可以帮助打开企业的市场化升级视野，也适合有志于在销售领域有所作为的管理者和一线销售精英。

比拼实力的时代已来，你准备好了吗？

朱金桥

2020年4月　于企业客户端

目 录

1 营销的工业化——绝对成交方法论 ·················· 001

   1.1 工业化思维的两大要义 ·················· 003

       经验背后的逻辑复制 ·················· 003

       持续稳定的高效产出 ·················· 004

   1.2 营销工业化的三大方法论 ·················· 006

       方法论1：目标决定方法 ·················· 006

       方法论2：感知大于事实 ·················· 012

       方法论3：时间价值原理 ·················· 015

   1.3 营销工业化能带给我们什么 ·················· 018

       对于企业的五大价值 ·················· 018

       对于个人的五大帮助 ·················· 019

2 营销工业化——业绩倍增真相 ·················· 021

   2.1 销售冠军真的可以批量复制吗 ·················· 023

   2.2 业绩的两大终极来源 ·················· 024

对外：客户价值 ·· 024

　　对内：员工成长 ·· 026

2.3 业绩倍增只是个数字游戏 ································· 027

　　客户层面的倍增来源 ·· 028

　　员工层面的倍增来源 ·· 033

3 营销工业化——重新认识营销 ························· 037

3.1 从销售的两大模式说起 ······································ 039

　　说服式销售模式 ·· 039

　　信任式销售模式 ·· 040

3.2 销售的真相 ·· 042

3.3 关于成功销售的正念 ·· 044

3.4 销售冠军的四层能力胜任模型 ···························· 047

　　第一层能力：销售底层心态 ································· 048

　　第二层能力：销售基础素质 ································· 051

　　第三层能力：销售主线思维 ································· 053

　　第四层能力：销售核心技能 ································· 054

4 营销工业化的起点——如何让产品好卖 ············ 057

4.1 梳理战略目标 ··· 059

　　为什么要梳理战略目标 ······································ 059

　　战略目标的五大构成 ··· 060

目 录

  如何简化操作 …………………………………………… 063

4.2 重新定义自己 …………………………………………… 065

  跳出产品看客户 ………………………………………… 066

  跳出行业看价值 ………………………………………… 066

4.3 终极思考：如何让我们与众不同 ……………………… 068

  我们为什么而存在 ……………………………………… 068

  让自己拥有独特价值 …………………………………… 068

5 营销工业化的复制基础——成长环境与平台 ………… 073

5.1 营造开放分享的氛围 …………………………………… 075

  开放让人强大 …………………………………………… 075

  分享打开世界 …………………………………………… 076

  如何实现开放分享 ……………………………………… 077

5.2 搭建成长环境与平台 …………………………………… 081

  环境与平台为什么重要 ………………………………… 081

  如何搭建成长环境和平台 ……………………………… 082

  常见的环境与平台工具 ………………………………… 083

  重点工具的使用说明 …………………………………… 087

5.3 检视现有系统与资源 …………………………………… 089

  检视目标及要点 ………………………………………… 089

  检视程序及操作办法 …………………………………… 091

5.4 释放团队和市场活力 ········· 093
活力从何而来 ········· 093
如何才能真正释放出潜藏的能量 ········· 095

6 营销工业化——绝对成交的底层逻辑 ········· 097

6.1 回归销售的本质 ········· 099
为什么我的付出没有结果 ········· 099
认清客户需求的3个层次 ········· 100
回归销售接触的本质 ········· 102

6.2 销售逻辑——批量复制销售高手 ········· 105
什么是销售逻辑 ········· 105
为什么逻辑可以超越经验 ········· 106
销售逻辑的6个构成阶段 ········· 108

6.3 销售接触设计——实现销售于无形 ········· 119
为什么我们和高手总是有差距 ········· 119
销售接触设计是什么 ········· 121
海底捞为什么大家都没学会 ········· 122
如何进行销售接触设计 ········· 125

6.4 销售接触的标准化及其改进 ········· 137
销售接触标准的形成 ········· 137
复制和优化有效销售接触过程 ········· 138
用好销售逻辑的关键 ········· 142

目 录

7 营销工业化——绝对成交心态训练 145

7.1 心态决定成败 147
一个神奇的成功公式 147
心态训练到底要做什么 149

7.2 心态打造：从此告别玻璃心 150
得失心态 150
四人心态 151
成功者心态 153
学习者心态 153

7.3 轻松迎接销售挑战 155
为何我们会止步不前 155
正确看待拒绝和打击 156
如何摆脱习得性无助 157
练就金钟罩和铁布衫 158

8 营销工业化——绝对成交基础技能 161

8.1 识别与破除防备 163
防备到底是什么 163
防备的5种常见表现形式 164
防备反应的内在原因 165
如何成功破除客户的防备 166

8.2 快速赢得信任 ····· 180
信任是什么 ····· 180
信任的构成要素 ····· 180
信任产生的基础 ····· 182
信任的类型 ····· 183
建立信任的8大途径 ····· 184

8.3 把握成功销售的6大核心要素 ····· 192
问题与痛苦 ····· 192
决策关键人 ····· 193
解决方案 ····· 196
价值感 ····· 198
紧迫性 ····· 201
控制节奏 ····· 202

8.4 客户跟进的基本逻辑 ····· 204
销售跟进的基本假定 ····· 204
客户跟进的完整逻辑 ····· 205

9 营销工业化——绝对成交高阶技能 ····· 207

9.1 十分钟角色成交 ····· 209
从交往模式说起 ····· 209
什么是十分钟角色成交 ····· 210
角色成交的要点 ····· 211

目录

9.2 如何有效探寻和激发需求 …… 212
- 会提问才会销售 …… 212
- 问题的常见类型 …… 214
- 成功提问的关键 …… 224

9.3 如何实现绝对成交 …… 225
- 客户痛点清单 …… 225
- 九宫矩阵诊断成交模型 …… 229
- 为什么说诊断成交是终极销售利器 …… 240

9.4 常见客户沟通难点的应对 …… 244
- 提问过程中有什么要注意的点 …… 244
- 与客户观点不一致怎么办 …… 245
- 面对异议或敏感问题 …… 246
- 如何面对质疑、不信任或抵触 …… 246
- 在线沟通有哪些技巧 …… 247
- 沟通如何收场 …… 248

10 营销工业化——绝对成交销售管理 …… 251

10.1 个人成长工具系统 …… 253
- 个人成长训练工具 …… 253
- 敌人机制工具 …… 257
- 目标利益导图工具 …… 258

10.2　客户档案——客户经营的起点 ……………………… 261

　　客户档案到底是什么 …………………………………… 261

　　客户档案管理的基本原则 ……………………………… 263

　　客户档案的3大类信息构成要素 ……………………… 266

　　关于客户管理要注意的问题 …………………………… 267

10.3　客户管理的销售漏斗 ……………………………………… 270

　　什么是销售漏斗 ………………………………………… 270

　　客户的分层分类管理 …………………………………… 271

　　销售漏斗的实际运用 …………………………………… 272

10.4　客户跟进导航——客户关系递进工具 ………………… 274

　　销售成交的关系基础 …………………………………… 274

　　客户关系的递进原理 …………………………………… 274

　　客户关系递进工具 ……………………………………… 275

　　实现绝对成交 …………………………………………… 280

10.5　如何开展销售团队的日常管理 ………………………… 286

　　销售管理的三大工作 …………………………………… 286

　　基于时间价值的销售管理新模式 ……………………… 288

跋　营销工业化——成长型企业二次创业的开始 ……………… 291

致谢 …………………………………………………………………… 293

1
营销的工业化——绝对成交方法论

1.1 工业化思维的两大要义

1.2 营销工业化的三大方法论

1.3 营销工业化能带给我们什么

1.1 工业化思维的两大要义

经验背后的逻辑复制

相信很多做过销售和团队管理的朋友都有过这样的尝试：为了培养团队的业务能力，通常会让公司里面最优秀的人，比如销售冠军、业务骨干等，总结其成功经验并形成所谓的标准话术、流程等培训素材，然后对销售团队进行培训，要求其反复背诵、学习，有的还要对此进行考核，甚至有些领导还会亲自上阵。

在咨询实践的过程中，我们发现很多企业都有过类似做法，然而效果却通常很不好。员工往往反馈：在实战中使用这些"成功经验"时，客户总是不按套路出牌。自己演着演着，就发现与客户已经分道扬镳了。为此，他们很苦恼。

人与人的经验、阅历和基础差异那么大，不同行业有不同的特点，企业真的可以在短期内实现营销人才的工业化批量复制吗？营销工业化真的能帮助"普通人"成为销售冠军吗？营销工业化的导入和实践，真的可以实现业绩倍增吗？

这些问题相信很多人都会很关心，甚至好奇或质疑。从我们的实践结

绝对成交
批量复制销售冠军

果来看，回答是肯定的！太多的企业和团队其实已经做到了，相信成功自有道理。

需要明确的是，因为销售人员不同、客户不同，而且情境也在变化，所以做法一定要进行适当调整。所谓异曲同工，背后的规律才是各种做法成功的基础和关键。所以，在营销工业化的方法论看来，可以复制的不应该是做法，而是成功做法背后的逻辑，包括做法背后的基本假设（假定）。相同的做法如何能保证取得想要的结果？只有逻辑与逻辑背后的假设才具有可重复和可扩展性。

营销工业化不仅要帮助销售人员强化关于营销成功背后的方法论思考，还要帮助销售管理人员提升思考的高度，厘清业绩的根本来源，建立基于时间价值管理的销售管理模式，让销售管理变得更简单和高效；此外，还要从逻辑上和操作方法上，帮助销售人员建立正确的认知，培养销售冠军拥有的基础心态与素质，形成清晰而明确的销售思维和思路，训练其核心销售技能，帮助营销人员成为客户的首选，从而有效降低销售失败的风险，提升销售成功的概率。

总之，营销工业化不仅提供足够简单、高效的方法和工具，帮助销售人员复制高手成功背后的思考逻辑、工具、方法甚至"套路"，还要使销售人员能知其然、知其所以然，以实现销售人员能力的无限可扩展性，实现遇到任何客户都可成交的状态，即绝对成交！同时，帮助企业实现优秀销售人才的快速成长和批量化复制，从而推动业绩的持续倍增。

这也是绝对成交工业化方法论与经验主义之间的最重要差别。

持续稳定的高效产出

从经济产出的角度来看，工业与手工业及农业的主要差别在于生产效

1
营销的工业化——绝对成交方法论

率的差异,即有限资源投入条件下产出的多寡与可持续性。

为了让大家更好地理解这个差异,我们不妨将视野从营销本身拉开,一起来看看人类社会的进步历程。大体是这样的一个历程:最早人类的生存来源主要靠狩猎,产出时好时坏,成功主要靠勤奋和运气;慢慢发现幼小的动物可以圈起来驯养,再后来发现可以把土地开垦出来种庄稼,这样就可以保证相对稳定的收获。生产力继续发展到一定阶段后,会发现品种和产能都受到了限制,于是批量化生产的要求开始出现,工业时代由此开启:保持高效率,而且质量和产出水平持续而稳定。

做客户与此何其相似!

中国经济40多年的高速发展红利期,机会遍地让很多人已经习惯了收割的快感,而不再有经营之心。然而,随着市场的逐步成熟,才发现"剩者为王"的今天,需要拼实力以争抢机会,很多人包括一些曾经很成功的销售人员,开始变得不适应起来:在同质化严重的市场条件下,企业无法让自己与竞争对手有效区别开来,业绩增长面临严峻挑战。价格问题于是成为讨论、关注的焦点,价格战甚至成为很多人的首选之法。似乎价格可以解决所有的问题!然而,结果往往并非如此。企业深陷价格战的泥潭之中,却并未获得预期的业绩增长,甚至盈利能力也因此逐渐丧失。

从咨询实践接触到的客户来看,各行各业几乎都进入了一个这样的所谓"成熟期",涵盖了市场上典型的5大类营销模式:店面零售、工业品销售、商贸分销、项目工程及在线平台(含外贸)。

正是在这样的时代背景下,我们认为对客户资源的经营比占有更重要!营销工业化就是要帮助企业实现销售系统的持续、稳定的高产出,实现企业持续性的业绩倍增。我们必须帮助企业和销售人员看到价格之外的更多可能。要让更多的人认知到,保证持续稳定的高产出,不能再靠运气和简单的资源投入，也不能信赖于所谓的"天赋"或少数"能人"，而需要行之有效的系统方法，依靠企业组织能力的强化与提高批量复制团队，带动更多的"普通"销售人员快速实现共同成长，复制甚至超越传统的销售冠军。

只有这样，才称得上真正意义上的营销工业化！否则，依旧还是手工式的经验主义。

1.2 营销工业化的三大方法论

营销工业化背后有三大方法论贯穿始终，以保障其方法和工具的有效性及更大范围的适用性。

方法论1：目标决定方法

（1）目标到底是什么

目标是在很多场合下会被提及的一个高频词。

目标究竟是什么？

目标是人们对于未来的设想。从某种意义上讲，它代表着人们对于未来的自我定义。

从管理角度看，目标是一切经济活动的起点。它可以是数字，也可以是对于人们想要的一切的概括性描述。那么，我们究竟想要什么，为什么我们要这样自我定义，我们想要的未来是什么（样），有多强烈或渴望，

营销的工业化——绝对成交方法论

这些都从某种意义上表达了人们对于未来所要成就之事愿意付出和努力的程度，相当程度上决定了目标的真实性和实现的可能性。

所以，从这个意义上来讲，目标其实是每个人对于未来想要成为的那个自己的渴望（程度），目标定义的内容本身只是载体。

没有对目标的足够渴望，就难以有突破现状的强烈意愿，更谈不上足够的行动力。只有行动，才可能创造我们想要的结果。

因此，要想成为销售高手，首先要想办法让自己充满对销售目标的无比渴望。越渴望，越容易成功！

（2）为什么目标决定方法

很多企业在销售目标管理方面存在严重的误区。通常，管理层会根据以往销售目标的完成情况，进行一系列的"分析"与"评估"，然后结合"发展的需要"设定某个时间周期的业务目标，一般会在行业或企业自然增长水平附近。指标则主要采用销售额+利润的模式，并进行层层分解，于是便以为大功告成，静候佳绩。在分解任务的过程中则常常伴随内部的种种博弈：下属希望目标定得再低些，上级则希望定得更高些，来回拉锯。然而，在实现营销目标的执行过程中，工作思路与方法则与以往差不多，甚至根本就不做什么调整和改变，多少年如一日地简单重复。

这种经验式营销管理模式下，既缺少对于现状的评估，也不关心团队对于目标是否真正认同和接受，更缺少对于目标实现可能性的探讨！所以，更多的还是对过往经验的重复，其结果可想而知。

在营销工业化看来，目标的实现首先要从对问题的正确界定开始。任何不被团队和个人接受的目标都是无效的！

所谓问题，是指目标与现状之间的差距。如下图示：

绝对成交
批量复制销售冠军

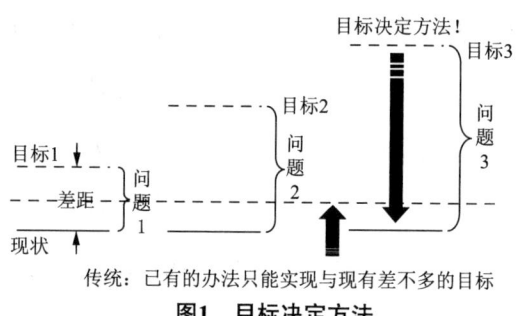

图1　目标决定方法

不同的目标，不同的现状，就代表着不同的问题。所以，如果没有对问题的正确界定，我们采取的任何行动，都很可能是不合理和无效的，有时甚至会南辕北辙。这也是为什么我们不能简单照搬过往或他人做法的原因。

所以，明智的管理者首先要学会对企业、个人或客户当前现状进行准确的评估，然后通过帮助团队突破心态设限，使其愿意认同并接受具有挑战性的目标，从而正确地定义问题。只有人们发自内心愿意接受的目标，其实现才变得更加可能。

（3）如何才能让每个人敢于不断挑战目标

既然目标是人们对于未来的自我设定，那么不同的人则通常难免会对未来抱有不同的看法。

在一线接触销售人员的过程中，我们发现很多人之所以不愿意挑战高目标的原因，其实是因为习惯性地想到了实现目标过程中可能出现的困难、问题，甚至因此失去了信心，从而因看不到目标实现的可能而止步不前。

在此过程中，一方面人有追求和实现目标（梦想）的动力，希望自己能够挑战高目标；另一方面在面对现实时，又常常会觉得自己无力改变现状或不够格，从而产生不自信和不确定感。就像被两条橡皮筋拉扯着一样，一端是丰满的、自己想要的目标，另一端是骨感的、想要逃离的现实。如下图所示：

图2　在现实与目标间的纠结

由于受到两种力量的同时作用，所以人经常会在未来的目标和现状之间纠结、反复，并出现面对高目标的三种典型反应。

①反应1：主动降低目标。

第一类人在面对现实与目标之间的差距时主动降低目标，即暂时放弃自己想要的，从而避免被梦想拉扯得太难受。

这种做法的好处当然很明显，就是在降低目标时确实可以暂时释放压力，然而新的压力迟早会出现。因为问题并没有得到有效解决！而且，现实的压力会使人离新的、已经降低了的目标更远，于是不得不进一步降低目标的压力会再次出现，从而开始恶性循环，不断转移所谓的压力到降低目标上，最终只得一点点放弃自己的梦想。终有一天会发现，骗得了全世界，却骗不了自己。这真的不是自己想要的！

所以，这种做法其实只是一种暂时的解脱或逃避，而非真的解决了自己的问题。

②反应2：制造冲突转移注意力。

第二类人则通过人为制造所谓的冲突来转移自己的注意力，影响个人追求未来目标的努力，甚至花大量的精力用于回避不想要的东西，而不是追求自己想要的。

绝对成交
批量复制销售冠军

典型的反应有：寻找问题之外的所谓"客观"理由，转移注意力，从而为自己找到外在的借口或理由，让自己获得一时的安心。诸如：市场竞争太激烈，我们的资源和条件相对于竞争对手而言太差了！之所以不能实现目标，是因为这样或那样的条件不具备；或者不停地担心失败，放大如果目标实现不了的危害，比如告诉自己，如果此次目标定太高，以后就没办法继续了。似乎一旦目标实现了，一下子就会把市场上所有的业务做完似的。

这类反应把注意力过多地放在实现目标的努力之外，人为放大了困难和目标实现不了的影响或危害，因此眼里看到的更多是困难和压力，并让自己时常处于焦虑、紧张，甚至恐惧情绪之中，从而影响了个人潜力的发挥，甚是可惜！

③反应3：运用意志进行对抗。

这类做法通常是在某方面取得成功人士的标配。

他们认为用意志力可以激发自己，所以喜欢用精神兴奋法去摧毁实现目标过程中的一切障碍。他们狂躁地执着于自己的目标，并甘愿付出一切代价。也因此，他们常常过得偏执而孤独，不被身边的人理解。

这种做法虽然可以帮助人们在某些方面取得成功，但最大的问题在于不经济。因为观念上的误差，偏执于一端，缺少杠杆效应而代价巨大。所以，通常是一方面的成功伴随着其他方面更深层次的无力感。比如家庭生活可能过得一塌糊涂。我们有一个曾服务过10年以上的老客户，一位60多岁的优秀企业家，30多年如一日专注于公司业务的发展，把一家产值不过2000万元的小企业带到了10亿元左右的规模。可到了60岁以后，突然开始怀疑自己过往的对待人的方式真的对吗，自己过去的做法真的值得吗？

为什么会这样？因为人的幸福感与个人的全面、均衡发展有着重要的关联。所以，用意志对抗并不能解决深层次的结构性冲突：一方面心中有目标，另一方面内心深处潜藏着某种无力感与不配感。

很多人在设定目标时，通常都会有一种无法摆脱的心结：一想到更高的目标就满怀压力，有时甚至与痛苦的感受联系在一起，从而不敢挑战更高的目标，甚至与公司博弈，跟老板讨价还价。这背后的原因其实是思维上出了问题，通常是自我设限的结果。

实际上，每个人做事的水平通常取决于两个方面：一是认知的边界，另一个则是思维的高度。很多时候所谓事业的"天花板"，不过是个人和团队思维的边界，即阻碍我们实现真心所想的，乃是因为深层观念系统的影响和作用，而非外在的所谓客观原因。

所以，只要能突破思维的天花板，即打破认知边界和提高思维的高度，就可以有效帮助每个人突破现状，包括实现销售业绩的倍增。这也是我们的营销工业化项目在企业持续推动的关键部分。

为什么很多人不敢或不愿意挑战高目标？

这世界有两类人：一类人是因为相信而看见。在他们的世界里，他们通常会首先选择相信自己想要或认为可以实现的事情，然后始终如一地围绕这个目标行动。他们中的大部分人是某种意义上的理想主义者，心中充满了某种信仰或对目标一定会实现的坚定信念；另一类典型的人群则正好与之相反。如果看不到或感知不强烈，他们则不会相信可能发生、正在发生或业已发生的事情，当然也包括实现未来目标的可能性。这类人通常是典型的现实主义者，保守和谨慎是表象，内在的真正原因很可能只是因为个人认知上的局限。

如何才能帮助销售人员走出这样的认知困境，相信并愿意挑战高目标？

答案其实超级简单，甚至让很多人觉得不可思议：把注意力聚焦于自己渴望的成就本身，并且只想着目标实现后的好处！即我们可以把自己某个特定的目标，或未来愿景的某个方面单独拿出来，想象如果这个目标完全实现了，它会带给自己什么好处。

这里的好处我们统称为利益。利益有很多种，不要局限于物质层面，还可以是精神层面的，它是想象出来的！利益可以是某个自己当下的困扰（想象着）被解决；某种不爽的消除或小小的梦想（想象着）被实现等。无论是什么，一定要先把自己打动！

通过这样的目标—利益想象，可以帮助个人打开潜意识，让自己活在未来（实现目标后）的精神状态中，从而激发出无限潜能。后面我们有专门的目标利益导图工具介绍，非常有意思。很多学员做完这个练习后，发现自己兴奋得不行，甚至睡不着觉，感觉浑身充满了干劲儿！

只有拥有了对目标发自内心的渴望，我们才能够真正理解什么叫目标决定方法：心中有目标，行动有方向！始终围绕目标的实现展开行动，不断进行反思与调整，绝不轻言放弃，直到成功！

正所谓：目标刻在钢板上，方法写在沙滩上。

方法论2：感知大于事实

（1）世界上最难的事

营销界有个通俗的说法，说是世界上有两大难事：一是把自己的思想装进别人的脑袋；二是把别人的钱放进自己的口袋。

销售似乎正是干着这两大难事。销售工作相较于其他类型的工作而言，似乎更难，甚至对于很多人而言是不可能之任务。

真的是这样吗？

其实，销售是一个逐步影响和说服他人的过程，与我们每天经历的日常人际互动并没有任何本质区别。所以，只要我们正确地理解人类的决策模式，找到有效的影响和说服他人的逻辑与方法，就可以解决以上所谓的两大难题了。

著名策划人叶茂中曾这样说道："认知比事实更重要，我们千万不要跟顾客讲什么是事实。你不可能有这个时间、不可能有这个金钱去做这种事情，顾客也没有兴趣去听你讲这个事实。"

是的，人们通常是靠情感做决定，然后用理性来证明。如果把理性与感性的关系打个比方，二者的关系就好比大象与骑象人的关系，如果骑象人代表理性，很多时候我们以为是骑象人控制了大象，其实是大象控制了骑象人，主要看大象是不是高兴！

所以，最有效的影响人的方式，其实是做感觉！即让客户感觉好比事实可能更重要。这就是营销工业化对于销售过程中人际互动的基本假设。体验、参与和递进信任是影响客户感觉有效的方式。因此，营销工业化鼓励大家把更多的注意力放在对客户情绪、感觉的关注上来。

在接触企业的过程中，我们发现一个特别有意思的现象：很多企业尤其是做产品和技术的企业，往往热衷于自己的产品或技术，有时甚至到了迷恋的程度。他们通常认为：客户之所以购买产品是因为自己的产品功能强大、质量好。所以，在销售的过程中经常会花大量的时间证明自己（包括产品和服务）有多么的优秀，并认为只有这样客户才会合作或购买产品。因此，基本无视或忽略对客户（感受）的关注，这使得企业发展的速度受到了不应有的限制。

很多销售人员甚至包括做了多年市场的老业务员，常常会把业绩不好归因于企业的产品没有竞争力、产品有缺陷等所谓客观的因素。这其实是一种认知上的错觉。

为了帮助销售人员认识到这一点，我们常常会问大家一个问题：你为什么会买你现在穿着的这身衣服？

因为（我觉得）漂亮！好看！有范儿！舒服！……

各种带有主观意识的原因。非常好！可当初买的时候，衣服还没上身哟！所以，大家一下子就明白了，客户不是因为产品功能而买单，至少在成交时不是！反面是因为他们内心想象出来的各种所谓"好处"！而这只不过是因为受到刺激而引发出来的某种情绪和感觉，通常不一定是事实！

所以，在我们看来：产品和服务做好了，最多只能得60分！只有感知到位了才能得到高分，甚至是超过100分，从而实现超越客户期望的意外惊喜。

（2）揭秘高手的"舒服"真相

不知道大家有没有注意到这样一种现象：当我们与自己身边的销售高手在一起的时候，他们总是会让人感觉很"舒服"。比如说，和他们在一起时，你通常会被"照顾"得很好。他们似乎有某种"天赋"和"直觉"，总是能知道你在什么时候需要什么，然后适时予以满足，而且往往做得特别大方和自然。

事实上，做到这些绝非靠天赋！所谓的天赋其实不过是长期自我训练的结果。人际沟通时全部的信息表达=7%语言+38%肢体+55%情绪。销售高手懂得用正确的方式影响对方，并适时进行传递。

所以，要想成为顶尖的销售高手，就要具备感知他人情绪的能力，让自己成为一个会做他人感觉的能手，这种能力甚至要比对产品的熟悉与理解更重要！也因此，真正的销售高手常常可以脱离现有的产品或业务持续保持佳绩。

因为做感知（觉），做的是人。有人，就有可持续的业绩！认识到了这一点，就可以帮助销售人员实现对自我的认知和业绩超越。

方法论3：时间价值原理

（1）时间的不可驻留

对于个人，什么最宝贵？

这是一个最简单却容易被人们忽略的问题。人最宝贵的资源其实是时间，而非其他。因为时间不可再生，只能支出且无法储存。所以，每个当下才是唯一和至为宝贵的。

因此，谁能在有限的时间内创造更多的价值，谁的时间支配就更为高效，甚至可以说谁的生命就因此变得更有价值。这与经济活动的两个比拼其实是一样的：资源与效率。

企业的发展很多时候比拼的其实也正是时间。企业在研发方面下的功夫多，产品就会成为企业的一大特色或亮点；企业在客户服务方面花了心思，服务就会成为一个卖点；如果在人或团队的层面上投入了更大精力，团队就一定会与众不同。

简单地说：人的时间在哪里，价值就会体现在哪里。同样，企业（员工）的时间在哪里，价值就会体现在哪里。

所以，无论是企业还是销售人员个人的业绩倍增，一定是先从提升每个人的时间价值开始的。这也是营销工业化销售管理的重要起点。谁管理好了团队的时间（分配及其使用效率），谁就掌握了团队的业绩。也因此，营销工业化要帮助企业实现业绩倍增，就不能不关注销售人员，甚至全体员工的时间价值问题。这其实也是做任何事情要想有所成就的基础。

（2）时间价值的营销体现

时间价值原理主要体现在两个大的方面。

绝对成交
批量复制销售冠军

一是时间的分配上,如何做到更有效。不同的客户或事情,对于我们销售目标的实现而言,其价值是不一样的。

营销工业化的系统方法就是要帮助营销人员甚至整个企业团队,把最宝贵的时间运用于最有价值的地方,即对目标和目标利益的最大化实现最有帮助的人或事上。谁有办法把员工或自己的时间锁定在最有价值的事情上,谁就更有可能获得最大的商业价值。

所以,每一次营销行动前销售人员要根据客户的重要性进行排序,然后根据对象是谁、目标是什么,进行时间分配,以形成更高效的时间日程。只有这样,时间资源的价值才能得到更有效的体现。

二是时间的利用效率问题,即如何在同样的时间周期内,产生更多、更大的价值。结合销售跟进的过程,除了要关注产品、服务或解决方案本身外,还要考虑到客户的接受,即在解决客户基本信任的基础上开展业务推进,避免因为人的原因造成不必要的来回拉锯,从而节约时间。而且,销售时机常常稍纵即逝,甚至不可再现。

因此,每一次的客户接触不应该是程序化或随机性的行为,而是在正确方法论指引下带着明确目标及有效设计的销售递进机会,从而降低销售失败的风险,提高销售人员的时间利用效率。如何引导团队能够一次就将事情做好、做到有效果?如何能更快速高效地实现递进目标?如何能利用当下为未来的持续合作创造良好的基础?如何更高效地管理每个人的时间?针对多任务,如何合理分配时间?这些都是管理者和销售人员需要思考的问题。

营销工业化主要从营销管理的角度进行团队的时间价值管理,即利用销售逻辑和主线思维,指导销售人员快速破除客户防备,建立人际信任,并在此过程中有意识地收集销售合作所需的信息,然后据此将时间优先分配于重点客户，并持续进行跟进和递进，从而帮助管理者和销售人员实现对时间资源的高效分配和利用。这个过程中的核心只有一个，就是永远让销售人员做最有价值的事情！

（3）时间价值原理的应用

时间价值原理不仅在销售跟进的大过程中起作用，而且在部门管理或每个人的日常工作、生活中，也能起到重要的作用。

时间价值原理的应用思路如下：

①我（部门）的核心目标是什么；

②围绕目标思考：业绩从何而来；

③设定重点工作（最能影响业绩变化的事项），并列出行动计划；

④为最能产生价值的工作及行动优先安排时间；

⑤检视现在的时间分配是否合理；

⑥重新设定工作计划；

⑦设定工作内容时，设定完成时间并建立缓冲（避免突发干扰）；

⑧重复以上步骤。

此外，还有一个关于提升个人时间价值的重要技巧：一定要在前一天下班或晚上睡觉前把次日的工作计划写下来，包含前期客户跟进过程中已预约形成的行程。

写工作计划的时间安排一定要相对从容，以让自己的大脑充分思考，千万不能放在当天上班的一大早定计划。因为那时已经是很宝贵的时间了，应该用来做重要的事情。当然，不是说做计划不重要，而是说此时应该已经让自己进入行动状态了。当天写的计划通常有凑数的嫌疑。而且，我们的大脑有一种非常神奇的机制，可以在我们提前写下问题后自动将答案送来。我个人的习惯和经验是随手记录下工作中想到的任何问题或想法，然后某个时候答案或灵感就会自己突然出现。我把这个经验分享给我们的学员，很多人采用后也觉得神奇不已，发现自己的工作效率明显提升，时间价值原理的作用可见一斑。

这就是营销工业化的时间价值原理方法论！为了让自己的生命更有价值，现在就用起来吧！

1.3 营销工业化能带给我们什么

对于企业的五大价值

营销工业化系统针对成长型企业的营销困境，在助力企业转型升级方面，具有五大价值和作用。

①营销工业化首先能够帮助企业完善和升级现有的营销系统，帮助企业逐步实现从"跑马圈地"向"精耕细作"模式的转型。

②营销工业化可以帮助企业挖掘现有营销资源（客户资源、团队）的潜力，批量提升企业工业化业务能力与意识，形成核心业务相关的SOP（Standard Operating Procedure，即标准作业程序），为企业管理的规范化、标准化和持续化服务（通常是由顾问辅导+团队自主整理相结合）。

③帮助整个团队实现能力与意识的集体成长，复制优秀的做法，实现企业销售人才的批量、快速成长。

④推动企业在营销相关机制方面的优化，释放内外活力，帮助企业搭建可实现团队持续成长的平台与环境。

⑤企业在落地营销工业化系统方法的过程中，会有不同程度的业绩增长，变化速度和大小取决于企业的业务特点、团队的基础和转化速度与能力。

对于个人的五大帮助

营销工业化系统是适应于各个阶段销售人员的方法论与工具系统，可以为销售人员提供五大方面的帮助。

①帮助销售人员建立正确的销售意识，在战略起点上建立起"让产品好卖"的定位优势。

②帮助销售人员建立强大的销售心态和素养，全面提升其迎接市场和工作挑战的心理承受能力。

③通过对销售人际互动本质的回归，对复杂的销售过程进行系统性简化，并通过销售冠军四层能力模型的构建，使得销售人员销售能力的提升变得有章可循和更为快速，从而大大缩短普通业务人员成长为销售高手的周期。

④为销售人员提供系统的个人成长工具，形成完整而系统的信任式销售思维，帮助销售人员全面提升销售能力和思维，实现可持续的个人成长与进步，从而提高其适应不断变化的市场的生存能力，提升其市场业绩表现。

⑤帮助销售人员实现从过往"跑马圈地"的运气型销售模式（业绩不确定、不稳定，不可持续），向"精耕细作"的经营型销售模式转型，实现从经验主义向方法论时代的华丽转型，从而挖掘自身的潜力，拥有绝对成交能力，成为真正意义上的销售高手，实现持续性的高业绩表现，不断迎来职业生涯的新高度，甚至引领销售行业，发挥更大的人生价值。

2

营销工业化——业绩倍增真相

2.1 销售冠军真的可以批量复制吗

2.2 业绩的两大终极来源

2.3 业绩倍增只是个数字游戏

2

营销工业化——业绩倍增真相

2.1 销售冠军真的可以批量复制吗

销售冠军真的可以批量复制吗？

要回答这个问题，首先要搞明白销售冠军到底是因为什么成功。

成为销售冠军真的需要过人的天赋吗？可能并不需要！在接触各行各业众多销售团队的过程中，我们发现了一些共性而有趣的现象。

比如说，销售高手的工作时间通常都是跟着客户的时间走的，没有什么明显的休息或休假状态，而一般选手通常按部就班，按照自己的节奏安排工作时间或开展业务。

销售高手的每一次客户跟进都有明确的目标，而且总是能够围绕目标锲而不舍，甚至他们中的大部分人都表现出了不同程度的偏执，简单地说就是一根筋的情况很普遍，但关键时刻他们总是能不断调整自己；而一般选手却很容易受外来影响，往往会被公司的各种管理要求或KPI指标所羁绊，通常他们的工作安排随性的成分更多，有时甚至被动等待客户送上门。

再比如客户的跟进，高手通常是持续和不间断地进行，就像优秀的猎人发现目标后总能紧盯不放；而一般选手则常常因为这样或那样的原因，不断地更换目标。与客户接触的初期，他们也会抱着极大的热忱与极高的期望，对潜在客户展开一段时间的狂追。一旦在跟进、接触的过程中客户给予了冷遇或遭遇困难，这种"热恋"就会迅速降温，然后开始"移情别恋"，继续下一段"恋情"……。过了一段时间后，突然会因为没有更好的目标或突然记起，又开始回头重新拾起先前追过的客户……，这跟很多人年轻时谈恋爱的状态很类似，也像极了寓言故事中那只不断追逐不同目标的猴子。

凡此种种！

尽管很多销售冠军的性格和做法迥异，行业和背景也各不相同，但是经过系统梳理发现，他们成功做法背后的方法论，即对销售相关问题的基本假设，其实是大同小异的。成为销售冠军确实是有"捷径"可借鉴，有规律可遵循的。

通过营销工业化的系统训练，真的可以实现对销冠的快速复制和超越，不论行业！

2.2 业绩的两大终极来源

营销工业化最终要帮助个人和企业实现业绩倍增，所以首先要回答清楚业绩从何而来。

在我们的方法论看来，业绩的终极来源只有两点。

对外：客户价值

何谓客户价值？

2
营销工业化——业绩倍增真相

德鲁克说：企业的唯一使命就是创造顾客。

如此，企业的业绩来源一定首先根植于客户，准确地来讲就是企业需要通过为客户提供足够的价值，赢得客户的认可。

在营销工业化方法论看来，客户价值有两大类别，大家较熟悉的一类是与产品或服务相关的功能价值。这是客户选择企业的基本诉求，但不是唯一诉求。很多销售人员在面对激烈的市场竞争时，常常抱怨：公司的产品太单一了！功能不够强大！产品更新换代太慢啦！价格太高了！与竞争对手相比，没有明显的优势！

总之，自己正在销售的产品或服务的问题很多，似乎只要这些问题解决了，业绩就自然会来！

我曾接触到的一个更有意思的说法来自于四川的一个客户。他们是所在区域最大的连锁超市，业绩已经三年没有什么增长了。店长们反馈：老板，咱们能不能搞点又便宜又好的产品来卖啊？

我当然特别理解团队的心情：他们每开一个超市，周边就会开出4~5家同类的超市来！这样的白热化竞争之下，团队感觉除了价格战和打折促销，似乎真的没有别的办法了。

真的是没有办法了吗？无望的背后，其实只是因为认知的边界或盲区！

鉴于他们的业务特点，我们一起走访了几个典型的门店。走访过程中发现：70%以上的客户都是门店周边的居民，以前他们总喜欢搞大型的打折促销活动。结果促销期间只增量，但不挣钱；不促销业绩下滑就很严重，于是又因顶不住业绩压力不得不搞促销，如此恶性循环。另外，经过观察和比较，我们发现业绩好的门店和不好的门店最大的差别其实不是店面位置或产品，而是店员对待客户的态度！以前老板要求团队见了客户要说

绝对成交
批量复制销售冠军

"你好",团队中很多人不执行,甚至为此还经常被罚款,员工的情绪因此很低落。现场走访的过程中才知道,因为他们主要做的是熟人生意,员工觉得用如此正式的方式打招呼不好意思。所以,走访结束后,我们给出了一条特别简单的建议:店员要与客人像熟人或朋友那样互动起来,不允许像大型超市那样"冷漠",形式不限,同时不准推销!于是,店长带领大家一起设计销售触点,经过一个多月的实践,结果40%左右的门店实现了同比30%~50%的业绩增长。

所以,客户价值在我们看来,除了产品或服务的功能价值,还应该有一个更重要的构成:人员(情感)价值!可以说,谁能抓住客户的情感利益需求,谁就拥有了可想象的新的增长极,这是一个有无限可能的更大市场!

这也是营销工业化对于客户需求的重新定义和深度解读。

对内:员工成长

第二个业绩的根本来源在于团队,即员工的集体成长。

为什么业绩的倍增还需要员工成长?简单地说:事在人为!

从人认知世界的角度看,个人的认知水平,即思维的宽度和深度,思考的系统性和视野的开阔程度,决定了其理解和反应能力。从这个角度讲,企业的客户价值水平取决于团队的认知水平,即认知水平决定业绩水平。因此,对于市场营销而言,决定市场成败的不是产品,而是人!否则我们就无法解释,为什么同样的市场和产品,总有做得很好的企业,也总有做得不行的企业。

所以,企业的发展首先是人(团队)的发展。没有人的集体成长,何谈企业的增长与发展?营销工业化对于业绩的来源回答就是要通过一系列的环境与工具运用，加速人在以上两个认知纬度的持续提升，从而批量实现销售团队的整体、快速成长。

人才的批量复制与加速成长，正是工业化的本质特征！只有将内部员工的持续集体成长与客户价值的持续传递结合起来，企业的业绩才更为稳定和持续。

2.3 业绩倍增只是个数字游戏

在咨询和实践的过程中，我常常会与管理者交流一个观念：管理者永远不要就业绩要业绩，永远要问业绩从何而来？即帮助自己和团队看到实现目标的可能性。

从某种意义上讲，对该问题的回答代表着销售人员解读市场的能力，也代表着销售管理水平的高低。一旦回答清楚了这个问题，就坚定地带领团队在实践和不断地调整中，帮助团队逐渐看到实现目标的可能性，业绩自然而来！

销售业绩的来源无非包括两个方面：一是客户层面，二是员工层面。所以，对这两大业绩来源的细致思考和探究，如果能够进入到可操作的层面，无论是个人还是企业的业绩必有改观。

营销工业化因此要带领团队进行关于实现业绩倍增来源的细致分析，从而帮助团队看到实现目标的可能性，看到实现业绩的行动和努力的方向。其中，客户层面的业绩倍增来源需要通过结构化的数据分析，从多个不同的角度对客户资源进行全面区分和盘点，以帮助团队看到实现业绩倍

绝对成交
批量复制销售冠军

增的可能性。

一旦采用或形成某些角度的客户分类标准，管理者就需要在现有数据的基础上，围绕客户设定诸如数量、质量、比率等相关的指导性指标，然后根据业绩目标的整体要求，对相对指标设定提升目标，从而让销售人员的行动和努力的方向可以直接承接整体目标，即让一线销售人员的工作成果指向大目标，做什么就可以带来业绩改变。这是业绩倍增最重要，也是最根本的思路与方法。

如此，销售业绩的倍增真的只是个数字游戏而已！

客户层面的倍增来源

客户的分类可以从客户资源的开发状态、价值贡献和利用深度三个不同的视角展开。

（1）客户资源的开发状态视角

本视角是指根据客户是否已经被开发或利用对客户进行分类，并按存量和增量两大类进行区分。

①存量客户。

指企业或个人已经开发利用或正在利用的客户资源，也称为老客户。包括正在与企业发生交易行为的客户（简称为活跃客户）、发生过交易但现在不再合作的老客户（也叫沉寂客户或休眠客户）。

这部分客户还可以根据交易的频次、交易的当前价值贡献和未来潜力进行更多纬度的区分，形成对客户的分层管理，比如可根据其商业价值的贡献程度分为战略客户、重点客户和一般客户，并把客户构成比例的优化、商业价值的更大化开发作为客户经营的核心目标，加以管理和监控。

同时，也可以通过这样的分层，管理和指导销售团队日常的客户跟进过程，如根据不同的类别设定跟进时间安排的优先级及频次标准，从而实现对存量客户资源的最大化利用。

②增量客户。

指企业或个人当前未掌握或未利用的客户资源，也称为新客户或潜在客户。这类客户有需求但尚未合作，是企业或个人需要新开发和利用的资源。

在此分析框架下，业绩倍增的主要工作方向就应该包括两个大的方面：一是要维持和提升存量客户的销售或消费潜力，提升其商业价值的利用率；另一个则是要扩大除此之外的业绩来源，找到更多的机会，实现对现有客户资源的有益补充。

此外，该分析视角可以帮助销售人员和管理层从客户资源的现状与目标的差异上看到差距，判断当前的问题主要是资源不足，还是利用率不够，或者是二者综合的结果，从而找到更有可能或更现实的业绩来源途径，而不是凭经验盲目行动。

对于相对成熟的行业和市场，通常存量资源的利用是重点，但很多企业和个人还是习惯于初期阶段"跑马圈地"的营销模式，喜欢拼运气做客户而缺少经营思维。对于另外一类快速发展，比如做平台型的企业，通常处于规模经济前的成长阶段，客户的累积和市场覆盖率或占有率对于长期的业绩倍增可能更有战略价值！

所以，为了更好地实现业绩倍增，要学会准确判断企业、个人当前所处的阶段和客户资源现状。不同的阶段和状态，应该有不同的工作重点。这一点在客户关系递进过程中，会有更深刻的体现。

（2）客户资源的价值规模视角

为便于管理者从整体上看到当前客户资源利用的现状，更好地为营销决策提供有效的依据，还可以从客户的整体价值规模角度对客户资源进行分析与评估。具体包括：

①客户的数量。

即从数量上对客户的多寡、规模进行定义和管理。可根据其开发状态，区分为潜在（新）客户和老客户两种。

企业和个人在设定战略目标时，可以对客户资源的整体数量规模进行定义，设定（新、老）客户的数量改变目标，比如从现在的客户数量加以维持或提高到另一个更高的标准上。

一般说来，客户的数量越多，在面对市场波动时，销售业绩的稳定性越强，企业越能应对不确定性，客户经营的风险相对更小。

②客户的质量。

指单个客户的平均销售业绩或利润贡献额、合作的持续性等，通常可视为特定时间周期内客户商业价值的贡献度，是合作稳定性、持久性和总体商业价值的综合。

通常可以按平均或单次的交易价值（销售额或利润额）、交易频次、持续合作的时间等，进行简化评估和区分。

单个客户的整体质量，即整个生命周期内的商业价值=单次（平均）交易价值×交易频次×合作周期。

③客户资源利用率。

狭义的客户资源利用率指现有客户资源被利用的程度，即被利用的客户数量或价值量与已有客户资源的整体总量之间的比率。如涉及市场开拓，从更广义的角度讲，则还应包括潜在客户的利用程度。

广义上的客户资源利用率，还涉及另外两个基本概念：一个是市场覆盖率，即企业及其销售人员、产品或服务与潜在客户接触的比例，即市场上有多少潜在客户被企业或销售人员实现销售触达；另一个则是指市场占有率，即所有潜在的客户数量与合作潜力被利用的比率。

在某些客户相对明确或总体数量有限的细分领域，客户的需求或市场总量整体可预估。此时，从数量上讲，客户的利用率也可以等同于市场占有率。如果从商业价值的利用角度讲，则还需要考虑客户单个或整体商业价值潜力的占比。

所以，从静态的角度来计算客户资源（业绩）规模：客户资源的静态业绩=客户的数量×客户的质量×客户资源的利用率。

从广义和发展的角度来看：整体业绩预估=客户的数量（存量+增量）×客户的平均质量×客户资源的利用率（数量或价值占比）。

该视角主要用来帮助个人或团队计算出客户资源的商业价值规模水平，从整体上对销售业绩的来源是否足够实现目标进行衡量和评估，并框算出可能存在的整体缺口，从而帮助管理者和销售人员看清行动方向。

因此，实现业绩倍增可以从客户的质量、数量和利用率三个纬度设定相关的提升目标。

（3）客户资源的深度利用视角

在静态存量业绩的基础上，企业当然还可以通过已有或已经掌握的客户资源产生额外业绩，如通过复购、转介绍、潜在客户开发、客单价提升、成交率提高等实现业绩倍增。

①复购。

复购指已成交、合作客户的二次购买或重复购买。该分类方法主要是用来衡量客户的开发深度和利用频次。一般说来，复购客户的数量和比例越高，代表着客户的黏性越好，企业的业绩相对越稳定。所以，从提升业绩的角度来讲，应该针对复购客户数量、质量及比例设定提升目标，以提

绝对成交
批量复制销售冠军

高企业业绩的规模和稳定性。

②转介绍。

指销售人员通过现有的客户或接触的潜在客户介绍、推荐其他客户而带来业绩增长的情形。转介绍通常基于客户对销售人员、公司（及其产品）的信任，而向其他第三方或潜在客户进行推介的行为，从某种意义上代表了企业或销售人员的客户服务水平。如此，企业的整体业绩=企业的静态业绩+复购+转介绍。

③潜在客户的数量。

指尚未合作而有可能成交或实现销售合作的客户数量。这部分客户代表了现在和未来的客户商业价值潜力。为了便于销售管理，我们通常会在咨询项目中要求销售人员必须对客户可能合作的时间进行一个"明确的预估"，即必须给每个客户设定一个成交时限，哪怕预估是错误的，或是因为过程中的情况发生变化而调整都没有关系。如果通过深入接触，相关时间出现了变化或有更确切的信息，进行更新即可。这样做的好处很多：首先可促使销售人员对相关信息进行有意识地收集；其次可以提醒销售人员，客户当前状态离成功有多远，从而不断保持前进的方向和动力；当然，如果交易涉及实物交付的，那么无论是技术、采购、生产还是其他的相关业务职能，都能从这样的预估中从整体上提升其准备工作的有效性，从而形成企业前后端的整体协同。

④客单价。

客单价是指客户单次、单笔或平均成交金额或商业价值，客单价涉及企业产品或服务的定位与定价。通过分析、评估平均客单价，可知晓当前客户的平均业绩贡献水平，为业绩倍增提供重要的参考：即在数量保持不变或稳定的条件下，如何通过提升平均客单价实现业绩的增长？提升的比例是否足够？困难是什么？是否还需要采取什么措施以弥补业绩缺口？

⑤成交率。

即所有客户中销售成功或合作的数量比例，即成交客户的数量与潜在或接触到的客户总量之比。基于此：

企业的业绩=潜在客户的数量×客单价×成交率

当然，不同的行业与企业，对以上纬度的侧重点和定义不尽相同。只有对以上因素施加有效影响，才可能帮助企业实现业绩的倍增。如能进行持续、系统的影响，则业绩倍增的概率会大大提高。

员工层面的倍增来源

从员工层面看，企业的业绩来源主要包括以下几个方面。

（1）员工的数量

员工数量主要是指团队规模的衡量指标，指企业参与直接销售人员的数量。

一般说来，在业务模式相对稳定、其他因素不变的情况下，销售人数越多，即销售团队的规模越大，业绩的来源基础就越多，并且相对越稳定。排除管理水平、销售能力的差异等影响因素，销售团队规模一定范围内的增长有助于销售业绩的增长。

所以，在某些快速增长的团队中，为了实现销售业绩的增长，可以考虑通过销售团队规模的扩大，即通过简单增加销售团队人员的数量来实现业绩增长。当然，销售团队达到一定规模后，管理的挑战会出现，需要提前预见和未雨绸缪。

（2）员工的质量

员工的质量指销售人员的销售能力与业绩贡献水平。

绝对成交
批量复制销售冠军

从销售业绩的贡献角度来说，员工的质量可以简单理解为人均销售或利润贡献。一般说来，销售综合能力强的员工越多，团队的整体业绩越有保障，也越稳定。

从实践经验来看，如果企业销售团队的人员规模达到10人以上，即可据此对销售人员进行分层区分，并通过人均销售业绩贡献来匡算整体的业绩水平。而且人数越多，这种业绩测算办法与实际越接近，对销售管理工作的指导意义与价值也越大。

因此，在销售团队的建设方面，可以据此设定团队成长的主要目标。团队的集体成长是企业长期销售业绩倍增的重要保障。

（3）员工的有效工作时间

所谓有效工作时间是指员工为企业创造和贡献价值的工作时间。从对营销目标实际贡献的角度讲，销售人员的工作时间通常可区分为两种：一种是对业绩有直接贡献的时间，即对销售递进有用的客户接触，称为有效工作时间。基于此，营销工业化方法论在如何提高客户接触的有效性方面进行了反复强化和训练，以提升销售人员的有效工作时间占比；一种是对业绩贡献没有价值的时间，即对销售促进没有帮助的、无效的客户接触，称之为无效工作时间。

通常来说，价值增值活动只在有效工作时间内实现。因此，同等条件下，销售人员的有效工作时间越长，业绩整体贡献相对越大。简单地说，销售人员的时间要更多地体现在客户端，体现在有效的接触时间。遗憾的是，我们经常见到很多企业的销售人员一方面要谈客户，另外一方面还要在签单后花不少的精力用于内部的沟通协调。对销售人员而言，这部分时间安排就属于无效工作时间。

所以，在咨询实践的过程中，我们经常会推动企业成立专门的订单交付部门或团队，来处理内部的协同问题，从而把销售人员的时间解放出来，使其有更多的精力投入到市场开拓和客户跟进中去。只要能进行这样的调整，企业和个人的销售业绩没有不增长的，其实就是这个道理。

（4）员工的企业寿命

一般用来计算销售人员的长期人员价值，指员工持续为企业创造价值的时间，可以简单地等同于能产生销售业绩的工龄，可以用来匡算企业及个人的长期销售业绩潜力与贡献程度。

通常销售人员的成长需要一个过程，前期需要投入精力和时间来进行培养或培育，有时甚至要牵扯和占用高价值贡献者的相当一部分精力。这期间销售人员的业绩整体贡献水平通常相对有限。一般来说，这个阶段的投入与产出通常是不成正比的。所以，我们在项目调研时经常会听到有销售管理者抱怨：在团队的成长上投入过多，但结果不佳，有的销售管理人员甚至认为，如果不培养团队，可能业绩会更好，而且还省心，不用投入太多的时间和精力。度过前期的培养阶段后，如果成长顺利，销售人员的业绩贡献能力会逐步增加，直至具备实现正向价值贡献的能力。这就是有一定业绩贡献能力的老员工留存下来的价值所在。

通过以上纬度的分析，很多客户表示：似乎找到了企业营销管理的改进方向。

是的，通过以上关于业绩来源的本质思考，业绩倍增的答案即呼之欲出。如能结合企业和行业的特点，进行有针对性的管理调整，业绩倍增真的只是在玩一个数字游戏！

3

营销工业化——重新认识营销

3.1 从销售的两大模式说起

3.2 销售的真相

3.3 关于成功销售的正念

3.4 销售冠军的四层能力胜任模型

3.1 从销售的两大模式说起

从销售实现的基本逻辑和导向区分，有两种典型的销售模式：一是说服式销售，二是信任式销售。

说服式销售模式

所谓说服式销售最典型的表现形式就是推销：通常产品和技术先行，销售人员则往往以推销员的姿态出现，试图通过口若悬河的说教、证明等让对方接受产品或服务，从而实现成交的销售模式。

这种模式在物质相对缺乏的时代，市场开发尚不成熟的早期确实相当管用，成功的案例也非常多。随着市场的不断成熟，尤其是客户的选择越来越多的当下，这种模式就会遇到明显的瓶颈。主要表现在：当销售人员向潜在客户展开说服攻势时，阻碍合作的巨大阻力就会随之出现。

首先，当销售人员试图向客户推销其产品、服务或观念时，遭遇到的最直接的阻碍反应就是客户的抗拒。这种营销模式下，无论客户是否真正有需求，一旦客户感觉到自己被推销，或感觉销售人员正试图改变自己时，客户就会心生抗拒，马上以加倍的力度推回来，从而避免被销售。正如力的作用是相互的一样，这种抗拒反应通常是条件反射式的，只要触发了对方的自我保护心理，这种自动屏蔽机制就会起作用。经典的案例就是当我们接到一个电话，只要感觉对方开口讲话的语气像推销时，很多人的反应立即就是：对不起，我不需要！然后直接挂断了电话，而不管对方推销的东西自己是否真有需要。

其次，说服式销售还会遭遇客户的质疑。说服式销售过程中，营销人员通常喜欢用巧舌如簧的自我陈述，试图通过证明、强辩等方法说服客户，并习惯性地使用各种"套路"和过度承诺，从而言多必失；另一方面，当客户处于抗拒和抵触状态时，说得越多越容易被怀疑。由此，为后续可能的合作制造了更多的人为阻力。

当然，说服式销售还常常伴有单方面强行改变客户的企图。从社会心理学角度讲，人们不拒绝改变，但人们往往拒绝被改变。在这种心理作用下，说服式销售模式不仅难以改变客户，还会降低客户改变的意愿度，从而造成了更大的转换成本。

总之，说服式销售模式会引发一系列的销售阻力，从而客观上阻碍了销售的顺利推进。因此，为提高销售成功的概率，销售人员需要进行新的尝试。

信任式销售模式

信任式销售模式就是在这样的背景下产生的。

信任式销售的基本假定：业务都是靠人推动的，合作的前提是人际信任。因此，如果能先解决人与人之间的信任问题，将更有利于快速达成合作。信任式销售出发点更多的是关注客户利益的实现，即产品或技术只不过是满足客户需求，帮助客户解决问题的工具与载体。

所以，信任式销售模式首先是人际导向的，即关注销售接触过程中人

3
营销工业化——重新认识营销

与人之间的关系建立与维系，强调销售人员与客户的人际互动。很多营销人习惯了说服式销售，喜欢在销售接触的前期就单刀直入，直接进入所谓的合作主题，认为那样更直接、更快。然而，此时快即是慢，慢即是快。如果说销售是一场大戏，那么建立信任则是必须打好的上半场。信任式销售就是要先打好上半场，再进入业务合作的下半场，或者说在销售接触的过程中，时刻关注信任关注的建立与维护。没有上半场的铺垫与酝酿，很难有下半场的精彩与震撼！

信任式销售模式下，销售人员通常需要通过销售接触设计与潜在客户建立和保持有效接触，并在此过程中建立起足够的信任，然后利用此信任关系在合适的时机展开业务合作的尝试。所以，信任式销售模式的销售推进其实是在阻力很小的情况下进行的，甚至实现销售于无形，其遭遇的合作阻力远小于说服式销售，因此可以大大提升销售成功的概率，并让双方的合作关系变得更持久。

总之，信任式销售模式的整个销售接触过程，因为有信任关系的存在和有意识地不断递进，销售动作其实是在潜在客户基本没有抵触的情况下进行的，客户做出合作选择的过程，更像是"听取"了一个可信赖的朋友的中肯建议，接受了一个"好朋友"的帮助，因此客户的感觉更像是自己做出了英明的决定并付诸行动而已！这也是众多销售冠军秘而不宣的共同选择。

当然，这种模式需要经过有效的刻意训练。本书提供的正是相应的系统训练方法及工具。

3.2 销售的真相

做任何事情，观念永远是第一位的。正确的信念和假设，往往会带来不一样的结果。

销售成功到底靠什么？

很多人主张：销售就是个辛苦活儿，只要多接触客户，就没有什么大问题。似乎只要销售人员勤奋，能主动出击，销售业绩就自然而来。

果真如此吗？

在帮助企业落地辅导的过程中，我们遇到的实际情况往往是这样的：很多销售人员为了完成公司的电话量（一般50~80个有效电话/天）、客户拜访任务（一般一周不少于8~10个），每天忙碌到天黑，然后在倍受打击后不断给自己打鸡血。日复一日，不可谓不勤奋！甚至有的客户拜访了7~8回，却连客户的基本情况都没有搞清楚，到头来发现业绩不佳，不得不面临生死考验。更有甚者，团队集体半年不出业绩，管理者只能责不罚众，无计可施。

为什么会这样？销售拜访或是沟通到底是为了什么？

营销工业化认为：销售接触的关键在于累积信任！实际上任何合作的前提都基于信任。通过信任的累积，与客户建立起足够的交情，销售自然就产生了。

很多销售人员不懂得这一点，总是喜欢单方面投入。比如，在客户拜访时正好赶上用餐时间，就不好意思让客户请客，有时甚至客户主动提出来也不敢接受，并美其名曰：尊重客户。这种方式在我们看来其实并不是最佳的方式，适当的时候其实也是可以让客户买单的。为什么？因为人际互动过程中，如果不是双方共同的投入，就很难建立起值得双方共同记忆和珍惜的经历，反而更容易形成一厢情愿。所以，销售人员与客户这样的交往模式发展下去很可能只是交集，而非交情。此外，经济学中还有一个很重要的概念叫沉没成本，即当人们对一件事情进行过投入后，往往倾向于维护前期的投入。这其实是一个很重要的心理暗示，即既然已经投入了，不能让自己中途放弃，否则前期的投入就白费了。在这种心理作用下，更容易保持或促进双方的合作。因此，有时不妨尝试着让客户也投入一下，或者对方正希望借此与你建立更深厚的交情呢！

而且，这种通过客户投入而形成的交情从信任的角度来看，其实属于场合性信任。这种场合性信任一旦建立起来，可以有效地转移到业务场景中来，这样业务成功的基础就有了。所以，所谓交情其实是双方在接触的过程中，通过共同的情感投入和互动创造出共同经历与记忆的过程，销售人员单方面的主动与积极是不足够的！

另外，销售成功的关键在于：破除防备，建立信任，并利用好客户心中已有的需求地图。所谓销售的真相只不过是客户自己说服（或销售）了自己，根本不是我们把产品或服务卖给了对方！营销高手只不过是快速、高效地从客户的身上寻找到了答案，帮助其进行了确认与强化而已。这就是营销工业化在多个企业和行业实践得出的结论！

总之，说服式的推销时代早已结束，信任式销售才有未来！

3.3 关于成功销售的正念

正念这个概念最初源于佛教禅修，由坐禅、参悟等发展而来，原指有目的、有意识地关注和觉察当下的一切，而不做判断、分析和反应，后来发展成为一种重要的个人修行与提升的方法。

我们此处关于成功销售的正念，其实就是要试图还原销售成功背后的真相与原理，以帮助销售人员建立正确的销售认知，看清销售工作内在的某些本质，从而提升其绩效表现。

通过销售模式的探讨，我们知道销售不应该是一个简单的卖的过程，而应该是一个让客户自己想买的过程。那我们到底该如何定位自己？

在营销工业化的方法论看来，要想做好销售必须要学会在不同的阶段准确定位自己的角色，并保持好初心。在销售接触的不同阶段，我们需要根据阶段性的目标和情势需要，定义好自己的角色，处理好与客户之间的关系。

很多销售人员在销售接触的前期，总是习惯于低三下四地求客户，到后面就会遭遇很大的挑战。

为什么？因为角色定义错误！正所谓强强合作，只有销售人员表现出足够的强大的感觉，客户才更有可能选择与你合作。错误的交往模式一旦建立，扭转就很困难。这一点在角色成交部分会做解释和说明。每个人的强大要从心态的训练与强大开始，帮助他人就是一个人心态强大的终极表现。

3
营销工业化——重新认识营销

在销售前期阶段，销售接触的核心目标是如何快速赢得足够的信任。注意，是足够！不是绝对信任。此阶段，销售人员必须学会高举高打，采取更高的姿态进入，以帮助和成就客户之心与对方接触，一旦我们选择了帮助对方的自我定位，我们就会获得了一种天然的优势，这时客户会更容易打开自己，即对方会更愿意配合销售人员提问和信息收集的要求，从而更容易赢得客户的基本信任。

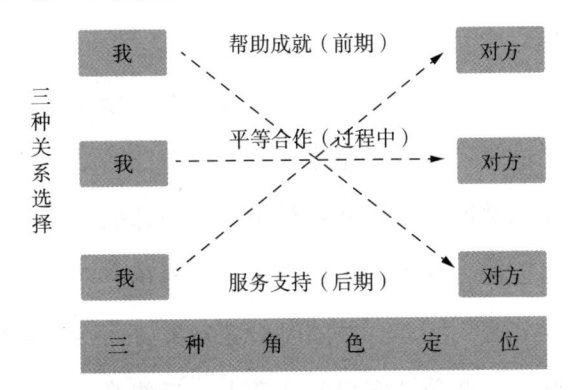

```
            帮助成就（前期）
      我  ─ ─ ─ ─ ─ ─ ─ ─ ─ ▶ 对方
三
种         平等合作（过程中）
关    我  ─ ─ ─ ─ ─ ─ ─ ─ ─ ▶ 对方
系
选         服务支持（后期）
择    我  ─ ─ ─ ─ ─ ─ ─ ─ ─ ▶ 对方
      ─────────────────────────
          三  种  角  色  定  位
```

一旦建立起了基本的信任，销售人员需要及时调整自己的角色，以平等的姿态与对方保持接触。此阶段的重点在于收集客户的信息，平等合作的心态与和谐关系，在保持双方友好互动、充分交换想法等方面，更有利于阶段性目标的实现。

当双方的信任达成了一定程度，进入到了合作的阶段或状态，其阶段性重点则是给客户赢的感觉。所以，服务和支持对方应该成为主旋律。服务和支持其实是对前期承诺的某种兑现！销售人员越是敢于兑现自己的承诺，越是能强化前期累积出来的信任，就越是能把单次的合作变成持久的关系，甚至一生的交情。

在销售的整个过程中，销售高手还应保持一个初心：始终保持对客户利益的关心，并在与客户接触的过程中永远只对客户说两种话：讲利益与

绝对成交
批量复制销售冠军

好处；讲如何帮助到对方，并时刻体现出利他之心。

所谓始终保持对客户利益的关心，主要表现在：

①了解和聆听客户的真正关切。客户的需求前期表现可能是组织的，但最终一定是个人的。因为人才是一切问题的根源。所以，无论客户谈论的是什么内容，表现形式如何，只要是客户关心的，一定有其原因。这个原因很可能就是客户内心的需求，通常从小不满开始，要注意倾听，多去了解客户的心声。

②围绕客户的关注，展开深入的沟通。客户接触过程中，客户的话题、要求及其他的举动等，都是客户选择性关注的结果，背后是客户当下的兴趣点和注意力所在。在此过程中，最忌讳的是客户说客户的，销售人员自己说自己的。优秀的销售人员总是懂得在客户谈论话题的基础上做延伸，实时与客户互动，并随时借题发挥，而不是额外准备或创造一些所谓的话题，这会分散客户的注意力。延伸谈话的背后是对客户的关注，是以客户为中心的具体体现，也是信任建立的重要基础，千万不可忽略。

③尝试着真正去理解客户的需求。在销售阶段的前期，最好的客户导向其实只需要销售人员更多地去了解和理解客户，表现出对客户需求的真正关注（绝不是为了简单地对应产品或服务的卖点）。尝试着真正理解客户的内心，而不是直接回答客户提出的问题。提问或多思考一下：客户为什么会那样想、那样问？为什么会有如此的担心或困扰？如何才能真正帮助客户解决这些问题？因为需求满足只有在双方的信任已经足够且时机成熟时，才更经济和更有效。因为大部分的满足都是有成本的。

以上，就是营销工业化方法论倡导和坚守的基本销售信念。

3.4 销售冠军的四层能力胜任模型

在咨询实践的过程中，我们发现销售高手其实是有很多共性特质的，如只从某些单一的方面进行学习，很难实现对他们的全面复制与超越。这也是为什么很多企业的销售团队出现断层的一个重要原因：没有找到复制销售高手的完整途径与有效方法！

鉴于此，在接触众多优秀销售人员的基础上，我们总结出了一个有效评估和培养优秀销售人员的四层能力胜任模型，以解决企业在培养销售团队方面的类似迷茫，为销售团队的培养与成长指引明确而有效的方向。其中，销售心态与销售素质属于底层基础，对于销售成功所起到的作用大约为50%～60%，甚至更高；销售思维指引销售的实现路径和过程，起到30%左右的作用；销售技能则起到20%左右的作用。

销售冠军——四层能力胜任模型

当然，要素的重要度在不同类型的销售中其权重可能会略有不同，但整体上该模型相对客观地反映了优秀销售人员成功的关键因素。因此，该模型可以指导企业及管理者在选拔和培养销售人员时，有针对性地设置测评内容及形式，从而更有效地选拔、培养出更具发展潜力的优秀销售人才，以实现对业绩倍增的人员支撑。

第一层能力：销售底层心态

心态决定成败！

强大的心态对于成功的销售起着至关重要的作用，是一切销售工作顺利开展的基础。具体包括以下四种心态。

（1）得失心态

拥有得失心态的销售人员总是能够不讲对错。在遇到任何事情或问题时，总是能跳出对错或者事情本身，进行更全面、更长远和更有深度的思考，更多地思考如何得到与收获更多，从而让自己看到更多的可能性，即关注利益而弱化立场。

论对错，其实是人与人之间产生冲突最明显、直接的一个原因。销售过程中最典型的论对错现象，就是在客户发表观点时，表现出不认同。或者销售人员为发表个人观点，与客户产生不必要的争论。这些都会阻碍销售工作的顺利进展。得失心态则可以帮助销售人员，很轻松地与潜在客户及身边的人建立起和谐的关系，从而大大降低合作的阻力，提高成功的可能性。

这是优秀销售人员必备的一种底层心态，也是化所有问题为机会的基础。一个人越是只讲得失，越是能让自己的内心变得更加强大，而且能够做到不忘初心。

（2）四人心态

为了更好地开展销售工作，在面对客户的各种反应时，销售人员应该发自内心地喜欢客户，并用特定的外在表现呈现出来。

所谓四人心态，是为了便于理解和记忆，通过借用日常生活中人们熟知的四种人物角色，以其典型心态来代表销售人员在面对客户反应时应该具备的四种心理状态，包括：大人心态、男人心态、强者心态和商人心态。这四种典型的心态可以帮助销售人员在面对客户时逐步摆正心态、位置，演好自己的角色，并针对客户反应做出正确的反应，有效避免过度反应，从而降低销售失败的概率，增加成功的可能性。后文心态训练部分对此会有专门说明。

（3）成功者心态

很多销售人员认为，自己在与客户接触过程中之所以表现出不自信，是因为自己当前不成功或没有对方成功。如果自己"成功"了，就自然会自信起来；也有的销售人员在遇到高层级客户时表现出底气不足，这时常常会归因于自己没有对方的财富多、自己地位不够高、头衔不够大等外在条件，并认为一旦拥有了这些所谓的外在条件（其实也是结果），就可以自信和轻松应对了。

真的是这样吗？很多时候我们想要的东西（每个人想要的其实都不太一样，但不重要），到底是拥有了就会成功，还是成功了才会拥有？

这也是人生的一个悖论。那些在各个领域成功的人士，其实只是比其他人更早地找到了答案而已。

什么是成功者心态？

所谓成功者心态，就是指像已经成功了一样的心态。它首先表现出来的是一种富足和淡定，即每个人想象中如果成功了自己会拥有的东西此刻已然拥有，然后像已经拥有了那样去行动和表现出来，你就会真正拥有！说到底，就是我们要用未来的精神状态来指引自己当下的行为和行动，用

绝对成交
批量复制销售冠军

互联网时代的语言表达就是"升维思考，降维打击"。这种思维一旦建立，瞬间就可以帮助销售人员实现对自我的精神超越。个人成长工具系统中的目标利益导图工具，就集中体现了这一特点。

此外，成功者心态还有一个很重要的价值：在面对目标客户时，拥有了成功者心态的销售人员将不再急于求成或着急成交（因为在心里已成交），因此可以更好地激发和挖掘客户的需求，从而将销售目标最大化。而且，销售人员因为没有过多和明显的销售意图，会让客户感到更安全或无压力，从而降低销售失败的风险，提高销售成功的可能性。

当然，销售人员在销售过程中因此会变得更加从容、淡定和客观，从而能够洞见更多事实真相和机会，有效控制整个销售的节奏，从而体验到一切尽在把握的强烈成就感，不断增强自信心，并让销售人员从中体会到更多的销售乐趣。

（4）学习者心态

销售工作具有外向型特点，需要经常与不同的人进行互动。因此，销售人员的心态就必须变得更为开放，以更好地面对各种差异、可能的冲突等不确定性。

这种开放的心态首先体现在：时刻向当下的情境学习。因为再多再详尽的计划，也无法穷尽所有的可能，或做到所有的事情都完全做到提前准备。所谓"兵无常势，水无常形"，优秀的销售人员必须随时保持学习的心态，时刻懂得提醒自己放下既有的标准和结论。无论遇到什么样的情形，不再固守已有，不再用过往的经验和已有的标准来评判当下。因为过去不代表现在，更不能代表未来，只有当下才是最重要的学习场景。

销售人员保持这样的心态，放下评判之心，不断借机扩展自己的认知边界（自己之前不懂的，没有听说过的，或理解不了的），观察他人是如何应对和处理的，就可以随时看到完全不一样的风景，在遇到任何情形时，让自己时刻处于接受和吸收的状态，敏锐地捕捉到对方传递出来的有用信息，并能据此作出有效的反应。

学习心态的具体体现：时刻保持好奇心，积极寻求问题的解决之道，并能多角度和更全面地思考问题，相信凡事皆有替代办法，一切问题都可以得到解决，从而让销售接触的成效更大化。

这就是优秀的销售人员应该具备的学习者心态。销售人员只有具备了这种随时随地向客户、向身边的人、向环境、向问题学习的意识，不断地打破自己过去旧有的标准，建立起新的标准和新的结论，才能够实现"遇强则强，遇弱更强"，一览众山小的销售新境界。

要成为销售冠军，请养成随时和终身学习的习惯。

第二层能力：销售基础素质

（1）目标导向

所谓目标导向，就是以销售目标为起点和中心，即凡事围绕目标的实现展开，不达目的不罢休！

这里的目标有两层含义：一是销售成功的大目标，另一个是为实现大目标而设定的阶段性过程目标。销售跟进过程中，有意识地将销售接触过程划分为若干个可控的小阶段，并且围绕这些小目标的实现设计所有的销售动作。无论遭遇什么样的困难或干扰，都能坚持下来，锲而不舍。

当然，坚持并不代表着固执或不变通，而是在实际情况与设想的计划之间出现重大偏差，导致原定的方法或目标明显不可行或不合乎实际情况时，不再固守经验，放下先入为主的主观判断而向现实学习，能够积极寻找替代方案，并随时调整自己的行动和方法，使行动始终导向目标尤其是

绝对成交
批量复制销售冠军

大目标的实现，直到成功。正所谓目标刻在钢板上，方法写在沙滩上！

所以，目标导向代表销售人员内心对目标时刻保持着的强烈渴望，是行动、智慧与信念的结合！这也是优秀销售人员共有的基础素质。

（2）客户思维

客户思维是指围绕客户及其需求思考、行动的意识与习惯。

客户思维的核心和关键假设：客户不是用来搞定的，客户是用来感动的。这就要求销售人员要带着使命感和责任感去开展工作。

客户思维要求销售人员真正站在帮助客户的角度思考问题：客户当前处于什么状态？他们遇到了什么问题？需要我们提供什么样的帮助？我们如何才能更好地帮助到对方？对方如何才能更好地接受我们的帮助？即设身处地为客户利益的实现着想，急客户之所急，想客户之所想，用实际行动感动客户。

此外，客户的需求除了业务需要之外，通常还伴随着精神需求。所以，销售人员还应学会感受客户的感受，注意实现与客户的情绪同频。这一方面可以帮助销售人员赢得客户的信任，有利于让客户更好地接受销售人员及其解决方案和背后所代表的公司，从而促进销售目标的实现；另一方面，可以帮助销售人员快速进入客户的内心，从而真正和最大程度地帮助到客户。

如此，销售人员就在实现企业和个人目标的过程中，同步实践了企业的使命和责任。这才是客户思维最佳的状态。

（3）自我激励

优秀的人通常都是自我驱动的。他们心中有目标，充满着对未来的憧憬和希望并心生信念，所以在实现目标的过程中总是能够找到足够的乐趣。优秀的销售人员也如此。

当然，他们也会为外在的事物所刺激和激发，比如各种销售的奖励、提成、客户的认可，或是领导的赏识等，但他们更容易在这个过程中找到内在的乐趣与成就感，并成功转化为自己继续行动的持久动力。

优秀的销售人员懂得外在的一切不过是插曲，内在的成功才是主旋律！所以，在遇到任何事情时他们总是能做正向的解读，并转化为自己前进的动力，甚至有时在不被客户理解时，仍能保持强烈的使命感与责任感，并时常进行自我激励；在开展销售工作的过程中，甚至生活中也总能乐在其中。他们深深地懂得：在外在的成功暂时还未来临前，内心依然可以找到属于自己的乐趣和成就感。在行动的过程中，他们就可以获得自己想要的一切：战胜困难的雄心，解决问题过程中成长的喜悦，实现目标后的成就感，以及帮助客户的自豪与骄傲，等等。

优秀的销售人员就是这样点亮自己内心的小宇宙，不断强化自己的内驱力，并不断强化自己对于目标和梦想的渴望，从而保持持续的行动力。因为他们在内心坚信自己的独特与注定价值非凡！

第三层能力：销售主线思维

（1）销售逻辑

销售逻辑是营销工业化的重要基础，它打破了以往销售模式对销售人员个人能力的过高要求，是一种可复制的通用性销售思维。

销售逻辑可以指引销售人员形成清晰的销售思路，帮助销售人员简化销售接触的过程，从客户接受的逻辑把复杂的销售过程分成6个阶段：开场、破防和建立信任、探寻和激发需求、消除异议、假定成交和售后服务。

通过对销售逻辑的深刻理解，销售人员可以像放慢动作一样，轻松地识别销售接触过程中客户的各种反应，并进行正确的解读，从而做出简单、有效的回应，使得销售接触变成了一种可帮助销售人员快速进入客户内心，并轻松影响、说服客户的刻意训练。

总之，销售人员越是能够有意识地运用销售逻辑，越能轻松地在销售接触过程中做到松弛有度、进退自如，从而实现对销售节奏的有效控制，并轻松实现对客户的销售影响，快速递进销售进程和促成合作。

（2）6大成交要素

成功的销售源于对核心影响因素的有效把握。

优秀的销售人员通常能够有意识地总结影响成交的要素，找出销售成功背后的道理和失败背后的原因，并有效地进行自我反思与调整，从而提高自己对销售关键问题的认识和认知水平，不断提升自己成功的必然性，化偶然的成功为必然。

成功销售的主要影响因素有以下6个：

◎ 问题与痛苦：客户自己承认或确认的问题或痛苦

◎ 决策关键人：摸清客户决策的关系链条，并找到关键人

◎ 可行的解决方案：客户认同（可）的解决方案

◎ 价值感：客户价值显性、可感知，并能引起情感共鸣

◎ 紧迫性：必须而且紧急，最好立即采取行动

◎ 控制销售节奏：在合适的时机采取对应行动，稳步推进销售

销售高手正是认识和关注到了以上核心影响因素，并能在销售接触的过程中进行有效把握，所以销售思路清晰而且行动越来越高效，从而可以持续输出高产业绩。

第四层能力：销售核心技能

必要的销售技能是展现销售思路、人员素质与心态的重要载体。营销

3
营销工业化——重新认识营销

工业化认为：优秀的销售人员应具备8大核心销售技能，它们共同构成了优秀销售人员的通用技能基础。

通过有意识地系统训练，可以帮助销售人员发挥出各自已有的优势与特点，并弥补其能力不足与缺失，整体帮助销售团队突破现有的能力与水平，从而实现业绩上的大突破。

具体包括：

◎ 破除防备的能力：引发对方兴趣，快速吸引客户注意力，并懂得通过寻找共同点、延伸话题、认同、赞美等多种方式，快速拉近双方的心理距离，使对方放下或降低防备心理。

◎ 建立信任的能力：知晓信任的构成要素及类型，能够利用销售接触过程和8大途径，建立、保持与强化客户信任。

◎ 定义交往模式的能力：懂得人际互动过程中角色的重要性，并能够根据销售的阶段和情景变化，准确地定位自己的角色，与客户建立起有利于促进持续合作的交往模式。

◎ 触点设计的能力：能够将复杂的销售过程区分为若干阶段，并设定阶段性的目标，以简化客户接触过程；清楚客户可能出现的各种主要场景，在销售接触过程中有意识地增加与客户的场景接触机会，并通过设计接触过程实现对接触过程与接触结果的有效控制，从而实现销售于无形。

◎ 客户关系递进的能力：能够根据客户的决策链条，找到关键人，并在接触客户的过程中与之发展出特定的信任关系；能正确解读客户的反应，根据对方的反应准确判定当前所处的销售阶段，并根据客户的反应寻找背后的原因，从而有效调整行动，有针对性的不断递进与客户的信任关系，为销售合作消除人际障碍。

绝对成交
批量复制销售冠军

◎ 销售提问能力：销售不过是收集客户信息，并根据收集到的信息进行销售接触与沟通的工作。能够运用提问的方式快速收集、验证信息，并借此激发客户的需求，推动销售进程。

◎ 诊断与激发需求的能力：根据收集到的信息，发现问题和客户内心的不满，找出客户心中的需求地图，并引导和提炼出客户的需求（无论是个人层面的，还是组织层面的）；综合运用各种沟通技巧与工具，激发客户的内在需要，放大客户的痛苦与梦想，以推动客户进入想要合作的状态。

◎ 客户资源管理能力：能够将自己或团队已有的客户资源进行有效的区分，采取有重点、有针对性的销售跟进，并利用时间价值原理，将日常营销行动与客户经营紧密结合，提升客户资源的利用效率、客户跟进效率及客户资源的产出水平。

当然，成功的销售还需要有一定的产品知识和相关能力。鉴于很多企业之前一直在强化并倾注了相当的资源和力量于此，且没有形成明显制约业务发展的瓶颈，故在此不予过多论述。

4

营销工业化的起点——如何让产品好卖

4.1 梳理战略目标

4.2 重新定义自己

4.3 终极思考：如何让我们与众不同

4

营销工业化的起点——如何让产品好卖

4.1 梳理战略目标

为什么要梳理战略目标

◎ 战略指引方向

◎ 细分选择战场

◎ 定位彰显独特

◎ 目标决定方法

战略目标的梳理是企业营销工作的起点。

很多企业其实不缺乏战略思考，有些甚至思考得还很长远和深入，缺少的往往是把战略落地的战略目标梳理和执行承接体系。所以，在营销工业化导入的前期，我们经常会先带领团队对战略目标进行系统性的梳理，并在此过程中开展关于市场细分及定位的思考，共同探讨企业如何在有限资源条件下发挥自身的优势。通过这样的梳理过程，一方面帮助企业把战略转化为可落地执行的行动目标，另一方面可以帮助企业和团队发现自身的资源特点，并将企业长期累积形成的特点转化为已有的优势。

为什么企业要做市场细分？原因很简单，只有在自己选定的区域、领域才最有机会成功！市场细分就是为了发现和选择最有潜力和最有机会的战场。这是一个统一团队认识的过程。

为什么要定位？激烈竞争的市场背景下，真正的战场不在市场而在客户的心智。所以，竞争的成败关键是如何实现与竞争对手的有效区分。

事实上，无论是市场细分还是企业的定位，其实都是出于降低整体营销成本与营销难度的需要，而主动采取的某种意义上的战略放弃。只有这样才可以让产品或服务更好卖！

战略目标的五大构成

目标决定方法，不同的目标应该有不同的做法。

梳理企业和个人的营销战略目标，可以帮助团队看到实现目标的可能性，并转化为团队和个人可执行、可操作的有效行动。

企业的营销目标通常应该包含以下五个主要的方面。

（1）销售目标

在我们接触的众多成长型企业中，大部分企业会以销售额及其增长作为首要的目标。

传统的、发展时间在10年以上的企业，年度增长目标通常在10%～30%以内；少数新兴的行业，如互联网相关企业，发展时间在10年内的新企业，其年均增长水平则通常在30%～80%之间。当然，我们的客户中也有追求翻番增长目标的。不同的目标代表企业高层管理团队对市场和企业阶段的判断与认识，无所谓对错。

营销工业化的方法论是以倍增业绩作为努力方向的，即要在企业现有发展水平上进行持续提速，从解决成长型企业共同的瓶颈和困扰：营销模式转型与创新升级，因此追求的是超常规的增长。

因此，我们建议：无论企业或所在行业的自然增长水平如何，企业在发展期还是应该尽量定义更高的挑战目标。这有利于团队潜能的激发，并对公司未来的发展具有重大的战略意义。

衡量销售目标的常用数据化指标：销售额、增长率。

（2）利润目标

这是很多企业在某行业取得了相对稳定业绩之后，经常会采用的一个重要指标。设定利润目标通常代表着企业发展到一定阶段和规模后，管理层对企业发展质量的自我要求，也代表着对企业内部管理和竞争力的要求。

利润目标的设定通常需要从对毛利水平和成本控制的定义开始。前者主要涉及企业的产品和服务定价模式，后者是对内部运营水平提升提出的要求。在价格被过多关注的背景下，它应该成为一个引起管理层关注的改善目标。过分关注价格只代表企业或个人在其他价值方面的不足或缺失。

所以，利润目标的实现可以从三个大的方向努力：一是强化产品之外的人员价值，这也是营销工业化反复强调的部分；二是通过加强和细化运营管控，提升内部的运营效率，整体管控运营成本，减少浪费，从而提升企业的投入产出比；三是通过提高企业现有客户资源的利用效率，实现快速的业绩增长，从而分摊固定成本，促进利润目标的实现。

咨询实践的过程中，我们发现大部分成长型企业更喜欢选择快速发展业务的模式，这往往也是改善利润目标见效最快的途径。据我们的不完全统计，绝大部分企业的老客户利用率往往不足20%，通常都在10%～15%。如此看来，很多企业业绩倍增的潜力巨大！

当然，无论采取哪方面的努力，调整和优化企业内部的机制，撬动团队的积极性都最为关键。

衡量利润目标的常用数据化指标：毛利（率）、净利（率）、成本降低率。

（3）市场目标

所谓市场目标，主要指企业针对目标市场的开发范围与程度。从我们接触到的企业来看，有这方面思考的企业并不多。

对市场目标进行定义，反映的是企业关于目标市场渗透与开发程度的整体思考，它可以帮助销售人员把视野扩大到更广阔的市场空间中去，从而看到实现目标的巨大空间和更多的可能性。

如何对市场进行细分与取舍？目标市场在哪里？想要做成什么样子？市场覆盖范围有哪些？覆盖深度如何？市场占有率要达到什么标准？品牌和行业影响力如何？需要怎么提升？

对于营销战略落地而言，只要对这些问题进行系统思考，业绩倍增的基础就有了。因为很多成长型企业的市场占有率还远未达到绝对领先的程度。

衡量市场目标的常用指标：覆盖率（区域）、占有率、市场排名、品牌和市场影响力。

（4）客户目标

这是一个更微观和直观的营销努力方向，也是很多企业习惯使用的目标纬度。

围绕业绩倍增的来源思考：为达到业绩目标，客户的整体数量要控制或发展到什么水平？客户的平均体量或客单价要提升到什么标准？客户的构成占比需要如何优化？现有客户资源的利用效率需要提升到什么程度？新增客户的数量和质量要达到什么水平？客户的满意度要提升到什么程度？等等。

这些问题的回答必须基于目标与现状间的数据对比，即首先要明确当前的数据现状，再决定提升到什么水平。逻辑必须清晰，思考足够细致，才可以做到目标与后续行动的有效对应。

在接触到的客户中，通常只有极少数优秀的销售人员能按这样的数据逻辑进行思考。所以，帮助和推动团队首先具备这样的底层系统思考能力，也是营销工业化的重要目标。

衡量客户目标的常用数据化指标：客户数（量）、客单价（量）、客户结构目标（如ABC类客户的提升数量与比例）。

（5）团队目标

团队目标主要包括团队规模与构成、人员的素质与能力提升目标、员工的收入目标、满意度目标等与销售团队集体持续成长与发展有关的要求。这是关于企业业绩倍增的另一个终极来源，然而常常会被很多企业忽视。

考虑到当前很多企业在人员方面青黄不接的现状，以下这些应该成为销售管理层经常思考的重要课题：如何帮助新员工快速融入并培养其成为合格的销售精英？老员工的活力如何激发？针对新上任的业务主管，如何和多长时间帮助其进入新的岗位状态并胜任新岗位？如何让管理层从具体的业务中脱离出来进入管理角色？如何建设和培养核心团队？

综合来看，当前大多数成长型企业的问题主要还是集中体现在人员的活力激发不够上。因此需要在机制上多下功夫，包括可能的组织架构调整、薪酬方案调整等。

衡量团队目标的常用数据化指标：各级人员的数量、培训或技能考核得分、人员结构的优化比例。

如何简化操作

考虑到当前企业时间和人员能力的约束，对于战略目标的梳理，我们通常采用更简易的处理办法帮助企业落地：召集企业的核心团队，一般会

绝对成交
批量复制销售冠军

涵盖部门负责人、业务团队和各部门的骨干员工，来共同研讨以下几个重要的问题：

◎ 我们处于什么市场？现状如何？

◎ 我们的客户是谁？

◎ 对手如何看待我们？

◎ 客户如何看待我们？

◎ 我们如何定义自己？

◎ 我们的价值主张与定位是什么？

◎ 我们制胜的关键有哪些？

◎ 当前企业的营销目标是什么？

◎ 我所在部门的核心价值是什么？

◎ 我的核心价值是什么？

战略目标梳理的最大价值在于：提升团队认知水平，并在此过程中实现团队共识的达成。通过研讨主要的目标其实是要把掩藏在每个人头脑中的宝贵智慧挖掘出来，并促进共识。

通常情况下，作为各自领域的专业人士，对相关问题往往是有思考的，相当一部分甚至还很深入，高层或核心层对某些问题其实已经有了相对完善的认识，甚至掌握着部分非常正确的结论，只是不够坚定，内部团队在接受和认可程度上存在困难或问题。所以，很多企业借力第三方其实更多的是在做自我确认，以强化先前已有的认知，同时实现对原有认知的部分完善。很多大型企业请知名咨询公司，通常也是基于此考虑。

因此，这个讨论的过程中，最好要有主持人控场，营造开放分享的氛围，确保更多的声音被关注到。这是一个没有标准答案，也不需要标准答案的过程（当然也会得出一些结论），而是一个集思广益，帮助团队成员还原真相，看到自己先前没有看到的风景，从而回归相对客观。就好比盲人摸象的故事一样，每个人从自己掌握的信息和认识角度看，其实都是正确的，都掌握着真理的一部分，但并不完整，只有整合起来才是一张完整的拼图。

所以，如果条件允许，这样的讨论不妨扩大一下范围，多开展几次。相信一定会有不一样的收获！

4.2 重新定义自己

不同的自我定义，代表着不同的目标与选择。

做销售首先要学会定义自己的使命，即我们为什么而存在？我们存在的原因不是因为我们优秀，而是我们符合了目标客户的需求，我们可以为目标客户提供独特的客户价值！

只有独特的东西才更容易被记住！

这是最占便宜的自我定义方法，独特的价值主张因为符合人的心理接受习惯，更容易引起目标客户的注意，使我们更容易被记住，否则营销成本高得要命。

重新定义自己就是要利用客户已有的认知，帮助企业和个人找到有利的位置，实现营销的第一大价值：让产品好卖！

通常在进行自我定义时，会受限于两个方面：一是我们正在做的产品或服务，另一个是所处的行业。

绝对成交
批量复制销售冠军

跳出产品看客户

常常我会与很多学员互动：我们是做什么的？

大多数人异口同声的回答通常是：我们就是卖东西的啊！我们就是做产品/服务的啊！

对此，我往往会追加另外一个问题：那么，客户为什么要买咱们的产品或服务？这个时候，很多人就开始面面相觑了！

因为他们需要啊！

客户确实需要，但客户购买我们的产品或服务是为了什么呢？这是个很容易被忽略的问题，很简单却事关销售购买本质的问题。很多业务人员对此缺少应有的思考。

可以肯定的是，客户的购买不是因为他们需要我们的产品或服务，客户需要的其实并非产品或服务，而是产品与服务背后的利益！客户需要这些产品或服务去实现他们关心的某些目标与目的，即产品或服务能带给他们的好处，帮助解决他们自己的问题！

这样的思考可以让我们实现对产品、服务的超越，即跳出产品重新看待我们的客户，围绕客户内在的需求定义自己的价值，而非产品本身。

所以，与客户沟通时我们要时刻记住：永远讲对客户的利益和好处；永远只讲如何帮助客户，如何通过我们保障和实现客户的利益，从而跳脱出现现有的产品或服务来开展销售工作。

若如此，再来看销售工作就会变得非常简单和纯粹。

跳出行业看价值

很不幸，行业通常是多数人对同类问题的类似看法。

4
营销工业化的起点——如何让产品好卖

做销售，尤其是要想成为领先的行业高手，就必须有不同于同行的看法，或者有意识地培养自己的独到见解。只有这样才可以实现与多数人的差异，从而脱颖而出。如无法让自己有效凸显出来，就难免成为客户1/N的随机选择。

这个行业到底该如何为客户提供独特价值？

通常在面对这个问题的时候，我会与客户分享一个在实际管理企业过程中的用人观点：行业无人才！行业内"专业人士"的共同问题在于：习惯于用固定的眼光看待变化的事物，从而无法看到客户需求的变化。

所以，要实现创新与突破，往往需要我们用所谓局外人的视角看待行业，甚至重新定义行业：假定客户不需要行业正在做的，那么到底是什么？

如此，企业和个人的做法将不再受限于行业通常的做法，而是逐步围绕客户的关注展开差异化思考，将自己逐步与竞争对手区别开来，从而实现从1/N向首选的转变，后者成功的概率高达90%！

要实现这种差异，企业必须要跳出行业束缚，时刻关注客户需求的微妙变化，围绕客户的需求与不满思考，即不再拘泥于现有产品或服务，而是根据客户问题的变化来适时推动产品或服务的调整与升级，实现对趋势的提前和及时回应，从而抓住行业的动态变化。

从咨询实践来看，这种转变的关键和难点不在于能力，而在于思维意识的集体转变，即从自我出发的产品思维向以客户需求为中心的客户思维的转变。所以，谁能实现这样的转变，企业的增长潜力就可以得到有效释放。对于销售人员个人而言，亦是如此。

4.3 终极思考：如何让我们与众不同

我们为什么而存在

这是一个很基础、很重要，但又往往最容易回答错误的问题。

"现代管理学之父"彼得·德鲁克在其经典著作《管理的实践》中指出：企业的目的必须超越企业自身，而且只有一个，就是创造顾客。

这种超越在我们看来，其实就是要回答企业为什么而存在的问题，这就是企业的使命。对于销售人员而言，就是个人的使命与责任感。

所以，简化起见，企业必须跳出现有的正在从事的业务，来思考企业更大的价值是什么？即定义企业的愿景与使命，并通过独特的价值主张，树立自己在目标客户心目中的形象，也称为品牌定位；销售人员个人则需要跳出自己正在售卖的产品或服务，来思考和发现产品之外更大的意义与价值，从而让自己与众不同。

让自己拥有独特价值

企业为什么要定位？

其实最重要的原因只有一个：为了让销售更容易实现！简单地说，就是为了让产品和服务更好卖。我们认为，商业不是简单的产品与价格游戏，而是价值（传递）的游戏。

如果说：客户价值=利润，那么，独特的客户价值=超额利润！

4
营销工业化的起点——如何让产品好卖

所以，无论是个人还是企业，通过选择独特的价值主张，最有利于实现商业上的成功！这里的独特客户价值，最好有以下两个特定中的至少一个：要么第一，要么唯一。如能两者兼得，那再好不过了。

这就回答了企业为什么而存在的终极问题！如何在营销战略上实现这一点呢？

要实现这一点，我们有一个很简单的思考工具：自我否定法，即放下自己正在做的业务本身，给出一个更高层级的思考。

在营销工业化项目中，我们有一个经典的思考模式，帮助企业快速找到自己的独特位置。其基本的思路就是通过跳出现有的业务，否定和升华自己。

标准模式如下：

◎ 我们不是……（正在做的事情，正在卖的产品）；

◎ 我们是……（应该成为的角色，背后的价值与意义）。

就是通过这样自我否定的方式，重新定义自己，让自己独特起来。为了帮助大家理解这一点，还是讲一个广为流传的故事吧。

有三个石匠正在工地上忙碌着，他们做着同样的工作，都在雕塑石像。这时有个人走过来问了他们一个问题：你们在这里做什么啊？

第一个石匠略显不悦，头也不抬地说："你没有看到吗？我正在凿石头，凿完这个我就可以回家了。"说完继续干起活儿来，懒得再搭理来人。

第二个石匠严肃而认真地说："你看到了吗，我正在雕石像，这是一份很辛苦的工作，但是酬劳还不错。毕竟我有太太和四个小孩子，他们需要吃饭。所以，我得加油了！"于是，继续忙碌起来。

第三个石匠则放下锤子，站了起来，骄傲的指着石雕说："你看到了

绝对成交
批量复制销售冠军

吧，我正在做一件伟大的艺术品。未来一定有很多人会因为我的作品而感受到生活的美好与幸福！"说完，满脸憧憬地看着远方，洋溢着喜悦的笑容，汗水从他黝黑的脸庞落下。

是的，同样的工作，不同人就有不同的价值定义。我们销售的产品或服务本身只是价值的载体，只有在目标客户需要的时候才能体现出其应有的价值。优秀的销售人员懂得为自己的工作赋予不一样的独特价值。因为那样会让自己与众不同！

在服务众多成长型企业的过程中，我们发现大部分的企业都有不同程度的产品情节，甚至迷恋自己的产品或服务质量。这种对自我的自信其实也是对过往成功的认同，非常好。如能转变思维从自我中心走向客户中心，则可以帮助企业在新的时代条件下继续获得更长足的进步与发展。

所以，关于企业为什么而存在的终极思考，还有一个重要的作用就是帮助企业、团队和个人，学会从自我走向市场，围绕客户思考，围绕着帮助客户解决问题思考。

非常可喜的是，我们的每个企业客户都可以在过往的成功中找到一些答案，唯一需要的只是总结和提炼的能力，再加一点想象力。

一般说来，生产型的企业能够发展到今天，通常产品是基本适销对路的，产品质量都还不错。如果企业面对的是消费端，多样化、快速反应将是竞争的重点；如果企业面对的客户是企业端，帮助客户的主要客户更好地解决问题就是定位的关键。贸易型的企业如果客户主体是个人，独特的消费体验往往是可取的选择；如果客户主体是企业客户，解决客户的业务难点就是一个很好的定位。比如第三方的中介性质企业，降低双方的交易成本就是非常独特的定位。需要说明的是，这里的交易成本不仅仅指价格，还包括时间成本、精力成本、体力成本等综合成本，它更多的是客户的一种心理感受。

关于建立独特价值的高效解答思路通常是这样的：

◎ 客户为什么需要我们的产品或服务？

◎ 客户需要的真的是产品或服务吗？

◎ 客户需要通过产品或服务解决自己（或客户）的什么问题？

◎ 我们与竞争对手到底有什么不同？

◎ 为什么客户没有选择（或选择了）别人？

◎ 客户到底看中了什么？

◎ 我们怎样才能让自己不一样？

就是通过这种不断地反复拷问，带领团队一起找到共识，形成企业新的定位。根据我们的经验，这个问题探讨的过程中，答案本身其实并不是最重要的，反而是带领整个团队跳出现有的做法，形成新的认知和共识更有价值。

只有通过这样的思考与集体共识，才能让企业独特起来，从而在战略上率先实现领先优势，让产品和服务更好卖，并带给企业超越现实的可能。

这就是营销工业化关于企业如何突围这一问题的终极思考。

5

营销工业化的复制基础——成长环境与平台

5.1 营造开放分享的氛围
5.2 搭建成长环境与平台
5.3 检视现有系统与资源
5.4 释放团队和市场活力

# 5
营销工业化的复制基础——成长环境与平台

5.1 营造开放分享的氛围

开放让人强大

开放是什么?

在项目接触的过程中,很多人认为:以前不说现在说,就是开放;以前自己的经验与教训只有自己知道,讳莫如深,生怕别人知晓,通过学习敢于向别人讲出来就是开放;当然,刚开始时也还有不少人有"教会了徒弟,饿死师父"的担心,等等。

这些想法其实都是可以理解的。

开放通常表示张开和释放。如不能全面和正确理解什么是开放,认识不到为什么要开放和开放的好处,很多企业新员工成长不起来、老员工原地打转的怪圈,就会继续上演。

其实,在营销工业化系统看来,开放既是一种心态,更是一种环境。要想批量复制人才,必须建立有效的开放氛围。恐惧、怀疑、疑虑、愤怒、敌意、悲观、消沉并不可怕,它们只是时间捂出的味道,打开瓶盖就会消失。如果我们希望花粉变成果实,那么,我们要张开怀抱,拥抱蜜蜂进入我们的内心。

绝对成交
批量复制销售冠军

从团队管理和建设出发，开放应该包含两个纬度的含义：一是走出去，即个人向团队其他的成员展示或讲出自己的所思、所想和所为。这其实是一个走出自我，面对和正视自己的过程。无论是好的经验，还是不好的教训，只要敢于面对和正视，就是进步的开始。只有这样才可以通过自己的面对和他人的帮助更好地看清事物的真相，看到个人的问题。同时，在这个过程中还可以借力团队成员提供的建议与参考，让自己看到自己看不到的部分，扩展认知边界。这种走出自我的正视是需要一定的勇气和外在氛围的。

第二个方面就是有从善如流、择善而从地引入与接受。一方面在自己开放自己时，团队成员会有相应的反馈，如果没有接受的心态，就很难从他人处获得能量和借鉴；另一方面，如果没有这种接纳的心态，当团队其他成员分享时，就很难建立起学习和借鉴的心态，无法将他人成功的经验与教训转化为自己有效的认知成长。这种开放的心态一旦养成习惯，在面对客户时就可以快速从客户透露出的信息中，捕捉到有用的信息而快速抓住客户内心的需求。

所以，越开放，越强大！

分享打开世界

在团队建设的过程中，分享是智慧与爱的共享！

团队的分享除了通常意义上业务经验、教训及成果（如各种营销工具包）的共享外，还有一个常常容易被忽略的层面：个人感受与情绪能力的共享。

在团队的各种分享活动中，分享人需要让别人也感觉到自己的感受，或者同别人述说自己的感受，团队则要尝试着去理解这些感受，而不能停留在就事论事的理性总结上。这种情绪表达和感知的能力是有效销售接触的基础，对于销售成功起着至关重要的作用，所以团队需要在日常进行有意识地训练。

除此之外，分享还有众多其他的好处：

◎ 分享是员工高速成长的有效媒介，仅仅通过简单的分享，就可以把错误融为智慧，让缺点变成恩惠。
◎ 分享可以发现人才。
◎ 分享可以训练与培养人才。
◎ 分享可以帮助团队留住人才。
◎ 分享是员工充电加油，治病疗伤的地方。
◎ 分享帮助员工获取资讯，达成共识，凝聚团队。
◎ 分享是一种投资，也是一架强化天平，让好的越好，让坏的越坏：放入抱怨，收获绝望；你放入希望，收获成功。
◎ 分享创造智慧，智慧超越困境。
◎ 分享创造希望，希望改变人生。
◎ 分享创造开放，开放打开世界。

分享是团队互动和相互激发的重要基础，它可以成为团队持续成长持续开放的基础。

在此，我们强烈建议：成长型企业一定要在团队内部营造出彼此相互激励、鼓舞，化问题为机会，化错误为智慧的内部氛围。这样的氛围可以帮助团队成员打开自我的世界，看到更美的风景！

如何实现开放分享

（1）领导第一推动

开放分享其实是现代企业重要的文化环境要素，是企业从个人时代向团队时代转型的基础，需要领导者的大力推动，才可以快速建立和有效保持。

根据实践经验来看，管理者越开放和对开放的文化越推崇，团队的分享就越有价值。同样，管理者越是持支持的态度，比如经常鼓励积极分享的人、抽空参与团队的分享互动等，团队就越容易被激发与带动。

自主意识强大的90后逐步占据职场主要力量的时代背景下，弱化内部管控，强化赋能与激发是带动团队快速成长的关键。所谓的赋能，顾名思义就是赋予团队能力或能量，旨在通过言行、态度、环境的改变给予他人正能量，以最大限度地发挥个人才智和潜能。其中，营造成长的环境是核心。

在团队管理过程中，我们要假定每个人其实都是可以扮演好自己的角色的，只是需要合适的内部管理环境与氛围。组织内部的环境建设，领导者永远是导向的起点，也是最大的推动力。一旦形成良好的赋能环境与氛围，团队就会形成自我驱动的习惯而保持持续进化的惯性。

（2）建立保障机制

为了保持良好的内部工作与成长氛围，还需要建立长效机制进行保障。

所谓保障机制是指为了让开放分享氛围长期保持下去，而设置的相对固定的各种内部要求与底线约束，从公司或团队层面上，鼓励开放分享的人和事，帮助团队持续处于打开状态。最好与团队的日常管理进行结合，使之成为日常管理的一部分。比如凡是客户拜访必有分享、凡是成交必有分享，以及定期或特定条件下要求召开分享会、业务成果总结会、专项主题交流会议等，守住了机制底线，就守住了开放分享的基础成果和好处。

在项目操作的过程中，我们通常建议每个小团队每周至少要召开一次内部或跨部门的现场分享会，凡是成交必有文字分享等，并要求在公司的相关平台上进行公开分享,要求有图有真相。一方面是保持团队成员间的接触,通过一部分人的行动带动另外一部分人的行动,另一方面就是要想方设法保持团队成员分享的习惯,比如建立分享积分排行制度,对优秀的开放分享典型人员和团队进行阶段性表彰。

为什么要这样要求?

在组织行为中,团队里面一部分人的行动、分享及变化会刺激和带动另外一部分人的变化。因此,在机制设置的过程中有一个很重要的要点,就是一定要用团队来带动团队。

关于团队建设有一个重要的假设:团队的稳定性高于个人。用机制来保障团队的开放分享环境,就是要把从个人的偶发行为变成团队集体的、有意识的、可持续的行为。

只要保持机制的运转,假以时日,效果即会显现。

(3)共同营造氛围

团队的氛围是指团队成员基于内部环境、相互间的关系所产生的一种感觉,会引发团队成员的心理感受和行为变化。所以,团队氛围的形成是团队成员间相互作用的结果。良好的团队内部沟通和工作氛围,既与个人相关,更离不开团队的共同努力。

团队内部的沟通除了正式的沟通途径外,分享交流是很重要的场景,尤其是现场分享,可以更高效地实现团队内部的融合。团队成员间要学会共同营造相互鼓舞的氛围:打破自我设限,突破部门主义和自我中心,在他人分享时,选择积极的倾听,而不是只急于表达自己的观点;多肯定和支持他人,少打击,不抱怨;在他人出现问题或遭遇打击时,不冷漠、不指责,而是愿意伸出援助之手,帮助其渡过难关;等等。

在这个过程中,会议的主持人、团队管理者的引导和带动作用就显得格外重要。比如在某个成员分享时，就要有意识地设定发言规则，控制其他人的发言，每次都以发言人为中心展开讨论与分享，从而使得每个人都有机会成为主角，共同营造愿意分享、乐于分享的组织氛围和感觉，这样团队成员每个人从中都可以获得成就感和重要感，参加的热情和积极性才可以有效保持。

基于当下激烈的市场竞争需要，在企业内部林立的"职能深井"背景下，我们越是能在企业或团队内部强调开放分享、协同与合作，团队就越能彼此鼓舞和相互激发。

从某种意义上来讲，开放和分享是一种组织持续进步的能力。这也是一种很重要的内部文化导向。

（4）倡导回归自我

在接触众多成长型企业的过程中，我们发现一种现象，很多管理者常常习惯于批评和苦口婆心地说教团队。当然，他们的出发点通常是很好的，都是希望能把自己过往成功的经验与失败的教训传递给团队，希望能帮助团队少走弯路，早日成长起来。然而，良好的初心并不总能换来好的结果。这种沟通模式往往会导致团队对管理者的不信任，有的团队认为这是领导不认可自己，甚至为此做好多的事情，只求获得领导的一个表扬。听上去真的不可思议！

当然，高层管理者对于中层的"不认可"会得到"效法"，并以类似的方式传递给基层；或者中层和基层"联合"起来"对抗"高层，表现的形式多是对高层的意见选择性的忽略，从而导致团队对公司高层的意图理解不充分或执行不到位。

为什么会这样？背后的核心原因在于彼此的不认同。

笛卡尔说：征服你自己，而不要征服全世界。

是的，人类一切的智慧只与对自我的思考有关！

因此，回归内心、反省自我，才是帮助每个人实现自我成长的关键行动！在团队建设过程中，管理者要把关注个人成长作为主线，要引导团队更多的回归自我，分享时要多讲自己，少评论和指责他人，从而推动团队每个成员的进步与改变。

总之，通过回归个人成长，把个人融入团队，才是团队建设的关键所在，也是批量加速团队快速成长的利器。

5.2 搭建成长环境与平台

环境与平台为什么重要

环境的本义是指人生活或者生存的外在空间，及其对人产生直接或间接影响的因素。我们这里所指的环境更多的是指心理和文化环境，即员工工作的空间及其中可以直接或间接影响人心理、行为的因素总称。

其主要作用是什么呢？对人产生影响。因此，人其实是环境的产物，在不同的环境里面人会有不同的行为和反应。而且，环境对人的影响通常是潜移默化的，而且更持久。

所以，环境决定行动！要想实现对人持久有效的改变，营造和改变环境是一个行之有效的选择。搭建成长环境和平台，就是要通过营造特定的人文环境，激发和引导员工正向积极的心理和行为反应，即通过创造影响员工行为的特定要素，让我们希望的员工行为（改变）发生。

绝对成交
批量复制销售冠军

在管理学中有一个有效管理幅度的问题,即一个管理者能有效领导和管理的人员一般为6~8个人,再多就管不过来了。因此,为了更好地管理更多的人,需要借助组织和工具的力量来实现。在此,我们统称之为平台。

所谓平台则是指为了特定的群体目标,按照一定的规则或机制运行的系统,其典型特征是,相比靠个人推动,整体维护和维持成本相对较低,而且可以作用于更大范围的人群。平台的作用还在于其运转更多地依靠组织的惯性,它是群体依赖于环境的共同约束,而不是依赖于个体的自觉,从而构成了企业和团队持续进步的基础。我们称之为团队成长的土壤,主要体现在团队的做事方式、沟通氛围与习惯等的统一,这也是改变人最简单、高效的方式。

总之,环境和平台可以大大降低团队的管理成本,还可以起到持续激发团队活力的作用,有利于促进团队的集体和快速成长。这是成长型企业实现团队工业化复制的重要基础。

如何搭建成长环境和平台

为了营造和搭建团队持续成长的环境和平台,我们整合、开发了一系列简单有效的工具和方法,共同为上述目标服务,从而实现工业化方式对人的集体影响与改变。

为了保证这些环境的保持和平台的持续运转,需要通过组织的力量进行推动。为此还需要设立一个简单的维护体系——第三方监督机构,我们称之为COO体系,主要负责对团队日常表现进行记录、追踪和检查;对相关事实和数据进行及时发布与反馈;推动相关事宜在业务单元的落地。

一般在现有的组织体系之内选出一名COO(专兼职均可,大部分企业

营销工业化的复制基础——成长环境与平台

前期是兼职，后续会陆续发展为专职），根据团队规模和业务需要选配若干个COO助理。这些团队成员除了隶属于现有组织层级外，还需要经常站在全局的角度，共同探讨如何有效推动相关项目在各业务单元的落地。其中，COO人选要求原则性良好，有一定的独立工作能力，有一定的全局推动能力，能够推动相关项目在企业的落地和事项协调，带领COO团队共同促进公司成长环境和平台的建设。常见的COO人选是总经理助理、人力行政经理或总监、办公室主任等。

COO体系是一项长效工作，其主要作用就是以组织和团队的形式，推动成长环境和平台在各个业务单元的落地，协助业务负责人营造内部良好的成长环境，从而不断推动公司平台的持续升级。

常见的环境与平台工具

在咨询实践中，我们经常用到的环境与平台工具有10种。

（1）品牌分系统

一种将员工和团队日常行为表现用数据积分进行量化的机制。通常根据团队发展需要，设定积分规则，过程中可根据情况变化进行调整。

（2）敌人机制

一种帮助团队个人寻找内驱力的工具。很多人的内心其实是有目标、有方向的，需要的只是激发。营销工业化工具系统部分会进行详细介绍。

（3）PK机制（积分排行）

为了促进团队成员间的竞争，提升效率和效果。企业可根据当前工作重点、特殊需要等，设定对应的PK指标，开展团队或个人竞赛，并设立奖励机制以强化效果。

比如北京某连锁餐饮企业客户，通过客户数据分析我们发现，其门店消费的60%～70%靠的是老客户。在这种情况下，销售储值就是锁定老客户的关键。因此，我们辅导其开展储值竞赛，2个月下来其储值总额是原来的3倍，有效保障了店面的销售业绩。后来，为了帮助提升门店的销售业绩，我们辅导推行销售逻辑点餐模式，从以前客户自行点餐到运用销售逻辑引导客户点餐，用了3个月左右的时间，其客单价就逐步提升了30%左右。更重要的是客户的体验更好了，满意度更高了！这个过程中，为了帮助员工形成引导客户点餐消费的新习惯，我们就设立了一个用行动攒积分的PK机制，设立一个标准：员工只要按照销售逻辑引导客户点餐，即可实现得分（要求晒单）。非常神奇！员工也很喜欢。

总之，我们越是在乎什么，我们就PK什么。竞争决定效率！

（4）分享会

在辅导企业的过程中，我们发现很多成长型企业都存在不开放的问题，即人与人之间的交流少，交流也是小范围的，很多问题其实都是沟通问题，只要打破了人与人之间的不了解、不理解，基本上就可以迎刃而解了。

人与人之间的内在力量其实是最容易相互激发的，尤其是越来越成为职场主体的90后，更是如此。他们通常内心开放、坦率而直接，只要创造相对适合的环境，很容易被点燃。

分享会工具其实就是团队成员间的内部交流会，形式可以不限，最好的方式当然是面对面的沟通，也有分支较多办公地点相对分散的企业，通过即时沟通工具进行在线沟通的，效果也不错。

（5）业务沟通会

主要聚焦业务问题的团队沟通与内部协同，一般是在遇到重要或突发业务问题时，相关部门和人员召集或自发组织起来，通过交流、协商共同解决问题的集体行动。

强调团队协同和以解决问题为导向,应该变成一种基本的导向。通过此交流和互动的过程,实现团队在业务上的融入和团队精神的建立。

(6) 培训与训练会

指由专人主导的专题培训,包括各种企业内部的培训、委外培训,主要帮助团队成员打开认知和思维边界的各种活动。

为了保证更好的效果,培训前一定要让每个人带着明确的目标与问题参与。在培训的过程中组织关于所学内容与问题的结合,促进团队成员将学到的知识运用到问题解决过程中去的运用,从而转化为员心态和能力的综合提升。

培训或训练要取得更好的效果,让参训人员做输出最重要:现场复盘所学,结合工作和个人情况谈收获,以实现思维和认知的扩展。操作类的培训,则一定要加入现场实操和验收环节;事后要针对所学在工作中做落地,并进行成果通报或汇报。

输出越多,效果越佳。因为知识最大的价值体现在运用!

(7) 文化展示(公告)墙

指各种倡导、宣传企业和团队价值理念的看板、橱窗、展示墙、板报等。

从早期的橱窗形式,到现在很多企业流行的电子版格式,展现形式随着时代特点在发生变化。通常需要专人进行管理和维护,只要对团队成长、文化氛围营造有价值的内容均可"上墙",并可根据企业当前的需要进行调整。及时更新以保证信息的时效性和新鲜感,吸引和保持团队的注意力最重要。一方面通过此空间和方式向团队传递相关的信息,如公示奖惩,团队行动与成果等;另一方面主要用于营造团队内部的行动与成长氛围。

（8）即时沟通平台

指各种用于团队成员间即时互动的即时通讯软件及其群组。

通过即时软件发布诸如销售过程中的进展与成绩、个人收获与感悟、团队或小组的行动、成果等，用一部分人的行动带动更多乃至全员的行动。这些播报和通报会对团队成员起到引领和激发的作用，构成了团队建设的另一块重要阵地。

在咨询实践的过程中，我们更多地推荐企业微信、钉钉等免费软件。对于规模较小或尚无职业化办公理念和基础的企业，方便起见微信也是可以的。建议无论企业多大规模，即时沟通平台尽量采用定位为职场办公类的软件，避免企业发展到一定阶段后再次转换的成本。

（9）日志任务平台

为实现日常训练和团队信息共享的需要，企业至少应拥有一个具备以下基本功能和要求的平台：项目组成员可提交训练日志、任务、作业等，群组成员间可以信息互看，并可以进行自主点评与互动，以实现信息的同步与共享。

目前企业微信、钉钉等软件均具备这些功能，这类平台的好处在于相关信息和内容可以长期留存与备份。早期的项目客户和部分相对传统的企业还会沿用企业邮箱作为实现这一目标的主要途径。

（10）口号标语

各类位置相对固定，用于做团队鼓动、宣传的口号和标语等，通常格式比较统一，内容相对简短和固定，而且一般会保持相当长一段时间。主要用于布置企业和团队内部的硬件环境，营造某种氛围之用。

为了提高标语、口号的鼓动和引导作用，标语的内容最好在团队成员的参与下完成，以提高其认同感。同时，为了保证时效性，可以根据业务发展的需要不定期地进行更新。

重点工具的使用说明

（1）品牌分系统的使用

工作生活过程中，我们每个人的行为方式、做事方法决定了在别人心目中的印象。别人不一定会说出来，但这种印象却会留存下来，在团队中就构成了团队成员之间的相互认知，为内部成员间的合作提供便利或形成阻碍。所以，为了促进内部的协同，对个人及团队行动进行集体引导就显得尤为必要。

品牌分就是在公司或部门内部，把个人（好坏的）印象，以分值的形式量化出来，好的，就加分；差的，就减分，从而建立起公司内部的个人品牌分（信用）系统，实现对个人和团队行为的积极影响和全程、有效管控。

具体的做法：根据管理的需要，结合日常团队行为和业务，设立一套内部的积分规则，给每个人或团队一个积分账户，就像银行账户一样。只是这个账户里存的不是钱，而是个人或团队日常表现赢得的积分（好的用正分，不好的用负分，予以累积）。得分越高，代表信用越好，否则就代表一直在透支信任，总有一天会被团队所淘汰。

一般我们建议，可以从以下四个基本的纬度进行设定：

◎ 个人成长：追求个人进步、能力提升。

◎ 职业化：符合公司的文化价值理念。

◎ 客户价值：围绕客户思考和行动。

◎ 领导力：成就和帮助他人。

绝对成交
批量复制销售冠军

品牌分是一个用来牵引和指导团队日常行为的重要和有力的工具，企业也可以根据想要倡导的方向进行设定，加分标准最好有一个可以根据情景进行调整的范围，以保证管理者在操作过程中可灵活运用3个重要的差别原则：在前期团队还未形成行动习惯时，加分时行动与不行动要有差别；行动起来后，有成果和没有成果有差别；当团队进入行动状态后，做得好与做得不好要有差别。

品牌分工具的设计巧妙加入了竞争的要素，即通过一部分人来带动另外一部分人。这里面有个重要的管理假设：任何团队里面总有人做得好，总有人做得不好。管理者要用做得好的人来带动其他人员，这也是品牌分操作的核心。

所以，除了记录团队的行为表现外，还要在前述各种平台中及时通报，形成个人和团队的竞争，以帮助管理者完成对团队的集体驱动。品牌分一方面可极大地提升团队的执行力和执行氛围，另一方面可实现人员的行为文化与公司价值理念的有机结合。

从咨询的实践来看，很多客户会直接把月度、年度品牌积分作为评优、人员选用或淘汰、标杆树立等的依据，从而解决了先前相关工作缺少客观依据，难以保持标准一致等现实困扰。

（2）分享会的操作要点

分享会的开展需要营造开放的氛围，通常由COO体系人员进行牵头组织。一般建议选择无桌的场所召开，以便于拉近人与人之间的距离，营造特定的交流氛围。具体操作层面如下：

◎ 定主题：与当前工作结合定主题，比如重点客户成功故事分享会、个人运用落地心得、如何感动客户等。

◎ 有主持：要有召集人和主持人控制参与人员的发言时间，确保参与人均有发言机会，提高团队整体的参与感，以保证分享会的质量和可持续性。

◎ 请嘉宾：为增加信息来源和体现重视程度，分享会还可请公司领导、专家、客户参加。同样，也可以邀请其他部门同事参与，以促进跨团队、跨部门的交流，实现团队共融。

◎ 讲规矩：发言人发言时其他人不要打断，除非严重跑题，其他人认真倾听，积极回应，帮助记录和确认个人成长与进步。这种相互鼓舞的氛围很重要！

◎ 有沉淀：指定专人记录分享内容，并将成功经验、团队智慧、重要结论等以邮件、文字纪要，或图文并茂、视频等形式在平台发出，以实现团队更大范围内的共享和共同提高。

5.3 检视现有系统与资源

检视目标及要点

准确而清晰地界定问题是有效开展营销工作的前提。营销工业化的方法论首先是从对目标的定义和明确开始的。包括：目标有哪些？是什么？

检视的主要目的其实只有一个，即相对于营销目标而言，找出现状与目标之间的差距，即问题：与目标相对应的资源及其现状如何？具体包括：客户资源及其利用情况；销售团队现有的人员构成及其能力状态；可利用的营销资源；激励、考核办法等配套机制是否足够或到位？

绝对成交
批量复制销售冠军

还有一个容易被忽视却很重要的检视内容：团队对市场及企业（品牌）定位的认知。要让产品好卖，帮助销售团队建立对自身产品及品牌的正确认知至关重要。

关于自我定位有两种常见的认知陷阱。

第一个认知陷阱是围绕产品或服务本身从功能上定义自己，比如做质量最好的，性价比最高的品牌等。这类定位的最大问题是当销售人员被企业、客户反复强化后，会习惯性地认为竞争的所有因素就是定位所强调的部分，从而看不到客户需求的多样性和多元化变化，无意中增加了自身产品和服务销售的难度。

第二大认知陷阱就是根据自身的市场地位定位自己，尤其是在细分领域排名靠前但并非第一的品牌，特别习惯于这样定义自己。我们曾有两个特别典型的客户，一个是做互联网搜索服务的，在介绍企业时销售人员总是喜欢定位自己是第二品牌。他们说的确实是事实，而且还有非常客观的第三方公开数据予以证明。可问题是，当销售人员给客户介绍自己是第二名的时候，客户通常马上会问：那谁是第一名？你们与第一名比，效果怎么样？从而让后面的销售沟通无法继续。说自己效果比竞争对手好吧，客户立即就会反问，那为什么你们不是第一？说不好吧，客户会说我们只选择和效果最好的合作。

另一个典型的案例是一家为工程企业配套生产工业产品的企业。这是一家非常优秀的企业，深耕细分行业20年，产品出口全球50多个国家。就是这样他们定位自己为第二梯队的领头羊。员工也习惯了这样的自我定义。所以，每次和新客户介绍企业时，都会这样介绍自己：客户先生，你好！我是××公司的。我们公司是行业第二梯队的领头羊。通常情况下，客户马上会顺口问，那第一梯队都是谁啊？瞬间就出现了很多竞争对手！

5
营销工业化的复制基础——成长环境与平台

可见，因为自我的错误定位给销售人为增加了难度，从而阻断了自己成功的道路！

为什么会这样？因为认知大于事实，很多时候认知决定行动！销售团队的意识看不见，却常常对销售的结果有着更为深远的影响，也是企业需要重点检视的资源！所以在此再次提出和强调，希望能引起优秀的销售管理者注意！

检视程序及操作办法

在接触成长型企业的过程中，我们发现很多企业面临的主要问题通常不是完全没有方向或方法，而是团队针对市场、客户变化等问题时，他们中的很多人其实都掌握了一部分的真理，但由于认知和高度层次的差距，加之内部沟通氛围的原因，团队之间对营销相关问题的认识不统一，导致难以在认知层面上实现有效的统一，从而没能有效形成合力。针对这样的现状，我们采用简化的能被更多企业操作的方法，对此进行统一。

（1）检视准备

具体操作方式如下：

首先，帮助选拔出公司核心管理层、涉及客户服务支持的相关部门的骨干及重点培养员工。这些人员共同构成了一家企业的核心团队。一般说来，千人规模以下企业人数整体控制在30~50人，千人以上的规模型企业控制在60~100人，主要是要涵盖理念落地的各个业务单元和层级，考虑组织体系内的层层传递。很多企业不是没有伟大的理念和梦想，而是这些理念在落地过程中缺少有效的组织保障，从而导致高层说一套，员工做另一套的局面。这是相当可惜的！

完成核心团队的组建后，要对其进行分组。以销售为主体在考虑业务

绝对成交
批量复制销售冠军

关联性基础上，将核心团队分为若干个小组。一般30～50人的团队分4～5个组，60～100人的团队则可分为6～8组。分组尽量不打散现有的组织和业务编制，同时兼顾各组人数的平衡。支持部门的人员则根据业务配合的紧密程度，尽量分配到各个业务小组中。如此配置的初衷有两个：一是促进团队间的竞争；二是要加强团队间的融入，促进协同与相互的认同，为后续团队共识的形成奠定组织基础。

（2）三大检视主题

在团队分组完成后即可以开展团队检视了。以小组为单位展开，限时研讨如下三大检视主题。

①认知检视。

◎ 我们处于什么样的市场？现状如何？

◎ 我们的客户是谁？有哪些特征与需求？

◎ 对手如何看待我们？

◎ 客户如何看待我们？

◎ 我们应该如何定义自己？

◎ 我们的价值主张与定位是什么？

◎ 我们制胜的关键有哪些？

②目标与现状检视。

◎ 我们的目标是什么？市场方面？客户方面？团队管理方面？

◎ 市场方面：预估的市场规模怎么样？现有的市场覆盖率？占有率？现有的市场资源有哪些？是否足够？

◎ 客户资源：新老客户的目标贡献分别有哪些？有多少？与目标的差距有多大？可以从哪些方面予以弥补？

◎ 团队及管理现状：现有团队人均目标贡献是多少？根据新的目标，

需要提高到什么水平？初步的设想或方面是什么？销售团队的规模需要扩大到什么水平？

◎ 机制方面：现有的机制有哪些可以继续保障目标的实现？有哪些资源需要进行调整或增加？

③总结与收获检视。

◎ 根据以上的研讨，我们的主要差距是什么？

◎ 个人最大的收获与感悟是什么？

◎ 亟待调整或改善的关键点是什么？

总结与收获检视是一个确认团队成长和共识达成程度的过程，通过团队成员的自我总结，实现对现场讨论内容的强化。

5.4 释放团队和市场活力

活力从何而来

最大的活力来自人心！

无论是内部团队，还是外部客户，想要快速发展倍增业绩，我们都需要重视对人内心的投资和经营。

对于内部而言，安逸和缺乏竞争的内部工作环境，常常是销售团队活力尽失的主因。我们接触到的企业绝大部分已经渡过了生存阶段，并在行业取得了一定的市场地位，出现的最典型现象就是：客户资源集中到少数资深业务人员手中，销售人员随便做做，对于个人而言收入就"够"

绝对成交
批量复制销售冠军

了,但是对于公司的整体业绩目标而言,往往存在着很大的缺口,销售人员通常情况下是"挑着"做客户;而在管理岗位上,大部分销售管理者都手握重要的客户资源,所以也基本上不行使管理职能,要么不想,要么不得法,大部分的精力还在兑现自己手头上的资源,因为这一块占其收入的相当比重。基于这样的情形,企业也往往不敢采取过激手段予以调整。所以,除非主动离职或是自主创业,销售管理层基本上都是好几年不变的老面孔;基层销售员工大部分的工作时间被老员工或管理者占用,来来去去,变动频繁。

这样的环境下,如何让销售人员有活力!?

此外,尽管市场不断变迁和变化,有相当一部分企业的业务模式还停留在早期的"成功"状态中,存在着与现实不完全匹配的情况,在执行层会产生很多不必要的内耗与迟滞,而企业内部常常缺少推动相应变革的力量。比如,企业的业务员尤其是业绩相对优秀的销售人员,有相当一部分的精力需要分配出来做内部的协调和沟通。很多时候可能签订单很顺利,但是订单的交付在内部却常常遭遇挑战,销售人员反馈说有时甚至不得不花大量的时间做内部协调与沟通,这就导致销售人员与后台人员之间出现不同程度的冲突。

在我们接触到的案例里面,这种现象和问题还是比较普遍的。这样的内部冲突在我们看来完全没有必要,或者说应该引起管理层的重视。企业越是能够在这样的系统性问题上前置解决,就越能够释放出团队的活力,从而化分歧为共识,化角力为协同,一起助力于企业事业目标的实现。

所以,企业所有活力的来源其实只有一个:那就是顺应和利用好企业内外向上、向善的力量!对内促进团队协同,形成合力;对外助力客户目标的实现,跟随和顺应需求变化并及时调整内部系统。

5
营销工业化的复制基础——成长环境与平台

如何才能真正释放出潜藏的能量

要真正实现对内外活力的释放，我们认为还是需要从企业内部下功夫，做系统的思考与调整。

在接触到的众多案例中，有一个共同的现象：企业的各个部门或职能通常都有各自的目标，都在按自己的节奏开展工作，唯独缺少的是对共同目标的关注。

有两种比较典型的情形：一是企业发展时间相对较长，管理层和管理职能比较健全的，这类企业内部之所以出现不协同的原因是因为"职能深井"。大家都在各自的领域里做得很"专业"，相互之间很少真正往来，就更不用谈协同了。因为考核的导向就是这样的：做好自己的事情，千万不要进入别人的"领域"；还有一类是管理职能相对比较欠缺的企业，管理层能力相对薄弱，缺少可以独当一面的人物。或是可能是出现了人事震荡，也可能是管理层刚刚上位，还可能是公司刚刚开始有建设组织能力的意识。这两种情况共同的问题都在于缺少有效的职能分工或协同设计，没有把握住经营的关键，从而导致内部的各种乱象。

从本质上来讲，企业其实只有两项职能：一个是营销，一个是运营。前者是创造客户，后者是维系客户。要促进企业业务与运营的同步和匹配，还是需要让专业的人做专业的事。

很多企业的问题解决其实并不复杂，只要把握住了这两个原则，很多问题就可以迎刃而解：对外的部门，不对内；对内的部门，不对外；涉及跨部门协同时，要有更高层级的部门或协调人介入，或设立约束机制。在此有一个共性的建议：企业内部一定要设立独立的第三方岗位和职能，并设置于公司的最高层级直线管理，用以代表企业最高层协调跨职能的协

绝对成交
批量复制销售冠军

同。如企业有总经理助理、运营副总或类似岗位，就一定要把其职能朝这个方面进行强化。简单地说，销售主要的职能是对外，订单交付或客户的后续跟进需要设立独立的部门或岗位进行负责。通过这样的调整与设置，就可以大大消除因业务主线不畅导致的内外活力不足。

当然，还有一些企业有自己独立的产品或技术部门，只要强化现场主义的概念，就可以有效激发出市场的活力，即后端部门要接受生产、销售（或客户）及售后的现场反馈，并据此调整工作重点甚至工作方向。现在有相当一部分的企业，其客户的定制化需求趋势越来越明显，因此后端的部门往往疲于应付，有时甚至怨声载道，主要原因乃是因为企业的产品开发前瞻性不够，无法有效对接客户不断变化的场景需要，从而导致运营体系整体支撑难度因此加大。

需要提醒的是，这些整体性的组织调整与推动往往离不开高层的第一推动，最好还有相关的机制调整与跟进。

其次，更大程度的释放内外活力还需要从团队层面下功夫，用足够的团队力量支撑组织发展。企业的发展归根到底是人的发展，而人的发展首先是管理层的成长。管理者需要有意识地搭建和培养各级的班子成员，强化和推动同级管理层内协同文化的建立。同样的，还要帮助各级管理层搭建自己的核心团队，从而实现层层有承接。对于无法适应发展需要的管理层，要坚决予以解职或淘汰。

只有目标清晰了，组织和团队组建搭建起来了，辅以机制的同步，潜藏已久的企业内外活力就可以得到有效释放。营销工业化项目有相当一部分的精力就在帮助企业来释放内外活力，我们认为无论是企业、团队还是个人，所有问题的答案其实已经具足，我们要做的就是和团队一起找到它！

6
营销工业化——绝对成交的底层逻辑

6.1 回归销售的本质

6.2 销售逻辑——批量复制销售高手

6.3 销售接触设计——实现销售于无形

6.4 销售接触的标准化及其改进

6.1 回归销售的本质

为什么我的付出没有结果

在我们接触到的众多销售人员中，很多人其实特别渴望能把自己的业绩做好。通常刚开始做业务的时候，凭着一股子热情与勤奋，往往能取得不错的开局，但慢慢发现效率越来越低，成交屡创新低，感觉越来越难了！他们中有不少人还有超过10年的市场历练，有相当一部分甚至还取得过不俗的成绩，但近年来却发现自己曾经成功的经验越来越不管用了。

这背后的原因是什么呢？

原来任何行业客户的需求是分层的，总有些需求明确且购买意愿强烈的客户。当一个人初入某个企业或行业时，往往身上是带着一股子拼劲儿的，行动意愿也最强，只要稍加坚持，基本都能在行业中找到那么一两个浮油（漂在上面，等着人来发现的）客户，甚至是一批这样的客户。我们甚至见到过不少靠几个甚至一个客户吃十几年的情况。一旦这些浮油客户被发现，销售人员初期的业绩目标就实现了，转正也就有望了。我们通常称这种前期靠运气取得的销售成功为"摸彩票式"的成功。一次不中，再买一张就好，直到成功。这也是很多企业试用销售人员，发现"销售人才"的基本模式。多么可怕！

所以，为了让销售业绩更持续、更稳定，我们必须先了解客户的构成和客户需求的分层概念。

认清客户需求的3个层次

客户的需求层次代表客户的需求类型，通常分为三个层次。

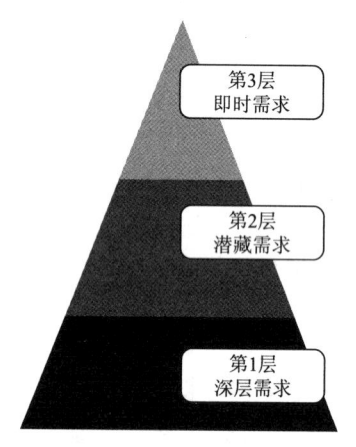

```
        第3层
        即时需求

        第2层
        潜藏需求

        第1层
        深层需求
```

（1）第3层：即时需求

该层次的需求类似于露天煤矿，处于最表层，称为即时需求。处于该需求层次的客户可能正在面临困难、挫折与烦恼，甚至正在被强烈的欲望所折磨，因此具有立即解决问题的需要。

此类客户通常被称为浮油客户，就像浮在水面的油一样明显。他们承认并愿意解决问题，对自己想要什么很清楚（或自认为很清楚），而且还有主动解决问题的意识与设想，还花时间做过自我诊断，了解过相关的解决办法，甚至之前还做过方案的比选。

此类需求虽然在整体需求中的比例很低，但总能冒出来一些，而且跟行业也没有多大的关系。处于此类需求层次的客户，需求明确且购买意愿强烈，其购买决定通常是客户自行酝酿的结果，与销售人员的销售促进努力关系不大。这类客户的成交像极了买彩票时的大奖，所以可遇而不可求。因此，接触此类客户对销售人员的能力要求也不高，通常只需要足够的行动和一点点运气，不犯底线错误，成交相对是很容易的。通常大部分销售新手靠这类客户存活，而高手则基本上对此会不以为意。

（2）第2层：潜藏需求

这一需求层次的客户对自己的问题已有初步的意识，也愿意讨论自己的问题、困难，但不清楚或不知如何解决，暂时也没有要行动的意思。

之所以如此，无非有几个方面的原因：

◎ 客户虽然认知到了问题，但可能并不是真正的问题。

◎ 问题的危害程度还不足够，认为没有迫切解决的必要。

◎ 不知道该怎么办，也不知道怎么能解决。

◎ 客户内心已经有了某些标准，不认为存在有效的解决方案。

◎ 不信任销售人员，不认为销售人员（及其代表的公司）有能力解决其问题，或是解决方案不足够有效。

针对该层次的需求，销售人员首先要完成问题真实性的确认，即客户所谓的问题很可能只是浅层次的表象和感觉，背后的原因可能才是真正的需求，或者说真正的问题所在。

此外，在完成真实问题的确认后，还需要对问题的严重程度、影响范围与程度进行强化和放大，以提高解决问题的急迫性。

（3）第1层：深层需求

凡是未主动寻找问题，或者是对问题没有明确认知，甚至拒绝承认问题的客户，都可以归为此类。因为不认为自己有问题，或认识不到自己的问题，或拒绝承认问题，也就很难有进一步采取行动积极解决的必要与意愿。

　　处于这类需求层次的客户，存在较为突出或明显的思维认知局限。比如他们通常缺少安全感，做事情很谨慎，刚开始接触时习惯于拒人于千里之外。即便接触一段时间，也不那么容易接近；或者拒绝透露信息，拒绝探讨自己的问题，也不愿意主动寻求解决方案等，这些都与不开放有很大关系。

　　所以，针对处于该需求层次的客户，销售人员需要花一点时间去了解：为什么客户有现在这样的状态？如何才能在客户平静的内心激起波澜？然而，很多销售人员不愿意这样去做，因为相对于即时需求客户而言，感觉太慢或认为没有能力去挖掘和激发客户的潜在需求。通常美其名曰：这不是我的目标客户！背后的真正原因乃是缺乏经营客户之心！

　　有深层问题或痛苦的客户基数通常很大，也是第2层、第3层需求产生的基础，它为客户的经营和持续高产出提供最坚实的保障。如能针对此类客户需求找到有效的办法予以挖掘，潜力巨大。销售漏斗与客户关系递进工具就是基于这个逻辑设计的。

　　因此，针对此类客户，销售人员需要在销售接触过程中，保持足够的耐心，把破除防备和建立信任变成首要工作目标。

回归销售接触的本质

（1）销售接触框架模型

　　从人际互动的角度看，销售接触其实是销售人员与潜在客户进行人际互动，并逐步赢得信任的过程。

　　销售通常从与客户接触伊始就开始了，在某些情况下甚至在此之前就已经开始，只是很多时候销售人员并没有意识到而已。比如，很多销售人员特别苦恼，为什么我一开口，感觉自己什么都没干，客户就直接拒绝了自己，甚至被赶了出来。

真的是什么都没有做吗？在此之前，我们说了什么？我们又做了什么？当时到底是一个什么样的情景？

反思回来，一定会有新的收获：

◎ 我做了什么？

◎ 客户的反应？

◎ 经验总结

简化问题靠工具。为了简化理解，我们总结了一个销售接触框架模型，可以极大地简化销售人员对于销售这一"复杂"问题的理解。

销售接触——客户拜访框架

序号	我的目标	我的行动	客户反应	为什么	调查与改进	经验总结
1						
2						
3						
4						
5						

客户接触思考框架

在这个工具的帮助下，销售人员如能平心静气地还原整个客户接触过程，相信一定可以找到很多答案。

（2）销售的本质思考与启示

沿着销售接触框架的逻辑思考，我们发现销售的本质其实真的很简单！

既然人只是环境的产物，那么人的行为通常是由所处的情景及其要素触发的。也就是说，人的行为只不过是对外来刺激的某种反应而已！若是能有效控制刺激并针对对方的反应做出调整，则可以有效实现对人的心理和行为的影响。

所以，销售接触的实质其实是一个刺激—反应—调整—再刺激的过程。

刺激 ➡ 反应 ➡ 调整 ➡ 再刺激

销售的刺激—反应模型

销售接触不过是销售人员通过有意识地对潜在客户施加刺激，引发客户的反应，然后根据客户的反应调整自己的行动，重新对客户施加刺激。因此，销售不应该是一蹴而就的线性过程，也不应该是销售人员或客户单方面行动的结果，而是双方互动的结果。

所以，销售人员首先要学会创造与客户接触的机会。只有接触才可能给对方造成刺激。接触机会越多，刺激发挥作用或被记住的可能性就越大。正所谓无限接触，就没有竞争对手。

其次，销售人员在与客户接触的过程中，要有意识地施加刺激并考虑刺激的针对性、刺激的强度、刺激时间的长短以及客户对刺激的理解难度和接受度，同时观察客户的反应并收集相关信息，并视客户的任何反应为正常！

然后，在此基础上调整自己的方向与行动，对潜在客户继续刺激，并引导其导向双方的合作，直到成功。

这就是销售的本质！也是绝对成交重要的认知基础！

6.2 销售逻辑——批量复制销售高手

什么是销售逻辑

在销售的过程中，很多销售人员经常会遇到一种常见的情形：客户突然不愿意继续下去了！比如，陌生客户不愿意接听电话或见面，好不容易见上了，很快被打发，然后再也约不上了；见过一次面甚至几次面的客户，总是不愿意多说什么，态度表现总是很冷淡，甚至老客户突然"移情别恋"，不再与自己合作了……

针对这些客户不愿意继续的情况，不同的人通常有不同的理解，并有自己的应对和处理办法。

如何将这些不同的理解、个性化的成功经验变成大多数销售人员容易理解和掌握的操作技能呢？这就需要找出各种不同做法背后的成功逻辑，即有效做法背后的基本假设，然后用逻辑的方式复制其合理性。

销售逻辑就是营销工业化系统方法中独有的一套销售方法论。它是考虑到工业化复制的需要，在总结众多销售成功做法的基础上，对销售的人际互动本质进行深度解读后，形成的一套行之有效的客户接触指导思想，适用于单一销售场景和销售接触的全过程。

销售逻辑基于人际互动过程的心理接受逻辑展开，它解决的是人与人如何从陌生到接受的共性规律，因此与行业或业务领域没有特别大的关系，具有相当的适用性。

绝对成交
批量复制销售冠军

销售逻辑贯穿和适用于销售接触的全过程，整体上可分为：开场、破防与建立信任（简称：破防）、需求探寻与激发（简称：探需）、消除疑虑、假定成交和售后服务6个大的阶段。其中，客户信任是整个销售逻辑的主线和核心，这也是所有合作的基础与前提。

如下图所示：

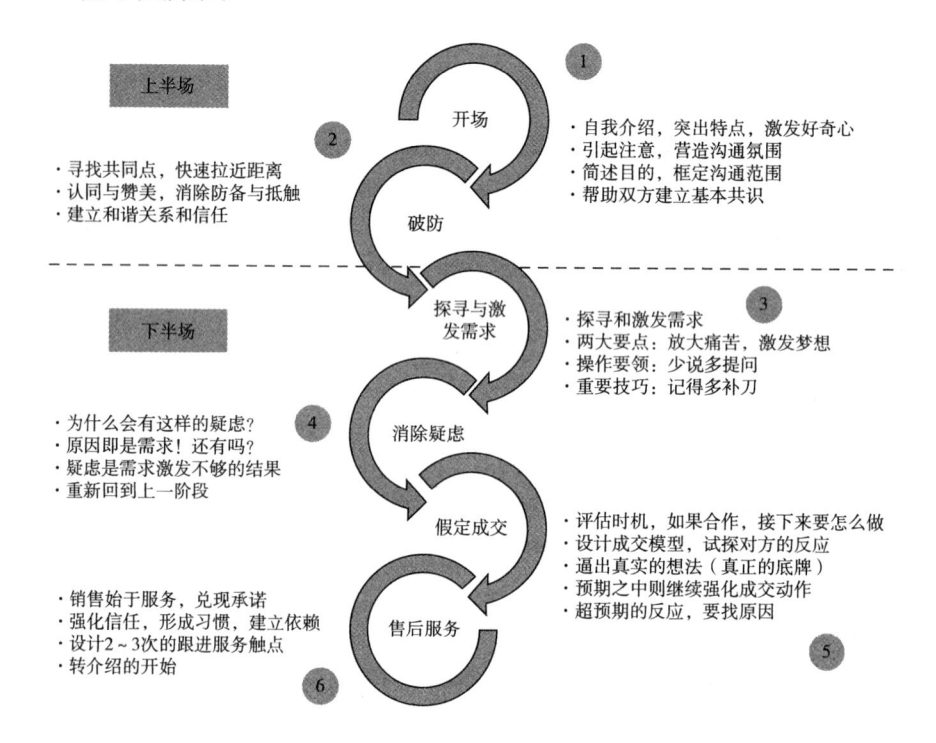

上半场

1. 开场
· 自我介绍，突出特点，激发好奇心
· 引起注意，营造沟通氛围
· 简述目的，框定沟通范围
· 帮助双方建立基本共识

2. 破防
· 寻找共同点，快速拉近距离
· 认同与赞美，消除防备与抵触
· 建立和谐关系和信任

下半场

3. 探寻与激发需求
· 探寻和激发需求
· 两大要点：放大痛苦，激发梦想
· 操作要领：少说多提问
· 重要技巧：记得多补刀

4. 消除疑虑
· 为什么会有这样的疑虑？
· 原因即是需求！还有吗？
· 疑虑是需求激发不够的结果
· 重新回到上一阶段

5. 假定成交
· 评估时机，如果合作，接下来要怎么做
· 设计成交模型，试探对方的反应
· 逼出真实的想法（真正的底牌）
· 预期之中则继续强化成交动作
· 超预期的反应，要找原因

6. 售后服务
· 销售始于服务，兑现承诺
· 强化信任，形成习惯，建立依赖
· 设计2~3次的跟进服务触点
· 转介绍的开始

为什么逻辑可以超越经验

经验是特定条件下基于个人感觉的归纳总结，往往会因运用条件变化、个体差异等原因而呈现出不同，而难以实现批量复制。销售逻辑要解决的正是这一点。检验销售逻辑是否有效的标准只有一条：即可否在多种条件下、在不同的人身上进行重复和验证，并取得良好的销售效果。

在众多企业导入和实践过程中我们发现，通过销售逻辑无论是对刚刚踏入社会的销售新人，还是有一定销售经验的成长新锐，甚至有10年以上销售经验的老手，都能明显感受到其销售能力的持续提升，他们对客户状态的把握、应变能力都有不同程度的提高。

为什么销售逻辑可以替代经验？

首先，销售逻辑为销售人员提供了一套系统的客户跟进思路，帮助销售人员提前预知和有效应对客户的各种反应，并做出有效反应。而且，这种逻辑可以不断进行强化和优化，进而形成每个人独有的销售思路。这里所谓的有效反应是指当客户对销售人员的行动做出回应后，销售人员可以在销售逻辑的指导下快速和更为客观地解读出来。以往这样的解读能力通常需要有相当的社会阅历和销售经验才可以做到。

在实践过程中我们还发现，不同阅历的销售人员的掌握程度确有差异，但整体上通过销售逻辑的导入，他们的销售能力（通过业绩和沟通客户情况时的状态综合比较得出）均有不同程度的提高。一般前期新人领悟能力会偏慢，但慢慢理解后进步的速度会很快。10年以上的销售老手，可能是与其固有的销售观念冲突较为严重的原因，在刚开始接触销售逻辑时会有短暂的抵触过程；2~5年的销售新锐则通常进入状态会更快，而且同等客户资源条件下，业绩突破也更为迅速和明显。有一个非常典型的案例：一家30多年的传统经贸型上市企业客户，其中一个事业部在主要竞争对手占据80%以上市场份额的情况下，新进入职的一批有其他行业2~3年销售经验的新人，用2~3个月时间就迅速打开了市场，而10年以上的老手反而迟迟打开不了局面。大概是因为这个阶段的销售人员正好经历过足够的市场历练，同时又还没有形成成型的个人方法的缘故吧！

其次，销售逻辑可以帮助销售人员相对客观地判断当前的销售阶段，从而有效控制销售节奏，而不至于因为客户误导或急于成交而误判形势，过早采取不恰当的销售动作。而且，这种判断和控制销售进程的能力可以通过不断地重复加以强化和提高，直到可以轻松掌握每一次销售接触。这是所有销售高手很重要的一个特点：他们总是懂得在什么阶段应该说什么话、办什么事。销售逻辑可以帮助更多的销售人员快速实现这一点，从而加速其销售能力的提升。

当然，销售逻辑还为销售人员提供可直接运用的标准工具与沟通技巧，帮助销售人员一次就做好，提高客户接触的有效性，从而帮助加速销售进程，提高销售成功的概率。

销售逻辑的6个构成阶段

（1）开场：引发关注

开场通常是销售工作开展的前奏，指与客户接触的初期或每一次与客户接触的前期。好的开场能够突出自身的特点，引发客户的关注，并将客户的注意力从其他的关注点吸引过来，从而激发对方想要主动了解的兴趣。这也是接触前期最重要的目标与挑战。

为了更好地开展销售接触，每一次与客户沟通的前期还需要营造良好的沟通氛围，学会在一开始时多认同、赞美客户，以快速拉近距离。如果是初次接触，通常需要加入自我介绍和公司的定位，并简单说明沟通的目的。这部分内容最好简短，只要能让对方大概了解我们是做什么的就行，过多既无用，也完全没有必要。因为此时客户的注意力很可能完全不在此。讲多了既会分散对方的注意力，而且也不利于打开客户的话匣子。

在这个阶段最主要的目标是让客户产生继续接触的兴趣，赢得后续推进的机会，最好对双方的后续接触产生足够的期待。这一点对后续探寻需求尤其重要。

当然，为了更好地推动销售工作的开展，销售人员在销售沟通的过程中，需要有意识地利用自身可以拥有的两大最宝贵资产：好奇心和信任度。两者缺一不可，否则成功的销售与合作就不存在。关于信任的问题，我们会在后面的篇章中重点介绍，在此不表。

好奇心包括两方面的含义：一是销售人员对客户的兴趣，即发自内心地想要去了解和理解对方，积极倾听并愿意帮助对方解决问题，而不是仅仅为了实现自己的销售目标；二是销售人员要学会利用好客户的选择性注意，包括当下的关切与深层的内心需求。

我们有一个做互联网搜索推广的客户，他们的销冠曾分享了自己是如何快速赢得陌生客户见面机会的经验。通常情况下，他会先上网搜索目标客户的网站，了解对方的基本情况。如果客户有网站，先赞美老板在互联网推广方面的眼光、网站做得大气、网站思路独特等。在对方客气一下后，他再说自己发现的问题：我发现有一个小小的问题，要是能注意一下，就更好了。咱们公司的资讯好像好久没有更新了，是不是有什么困难？我在这个行业做了十多年了，经常帮助客户解决网站相关的问题。我可以免费帮助你们指导如何有效维护网站。你们这块有没有负责人啊，老板？这时客户通常会反问：你是哪个公司的啊？你能不能来我们公司一趟？如果对方没有网站，他则会讲：我花了好多时间找咱们公司的相关信息，却找不到。像咱们这样好的公司，如果咱们的潜在客户也像我一样找不到，就太可惜了。客户通常会产生兴趣，马上问他是做什么的。

这就是非常成功的开场！既找到了对接人，又利用好了对方的好奇心，引发了客户想要的期待感。

所以，开场沟通要学会借题发挥，通过话题切入引发关注是关键！最好能就地取材，结合现场与客户相关的人、事、物展开，顺着客户的话题做延伸，我们甚至不建议销售人员准备所谓的话题，那样通常会让销售沟通进入尬聊。因为一个与客户无关，或是客户不关心的话题，很可能会让沟通意外终止而没有下一次。

另一个经典的开场引发兴趣的模式，就是抛话题：××，您和我想象的很不一样！90%以上的人会问，哪儿不一样啊？只要稍微总结出客户的几个特点，沟通就可以继续了！

关于开场，还可以在沟通、赞美章节中找到答案。

（2）破防：建立信任

当客户表现出兴趣后，接下来的重点是想方设法快速拉近距离，破除对方的防备，实现客户对销售人员的基本信任。

销售接触前期，销售人员如能有意识地做到以下几点，则更利于消除客户的防备：

◎ 主动构建双方和谐的关系。

◎ 建立可信赖（任）的感觉。

◎ 展现真诚与解决问题的能力。

◎ 扮演情景角色的应变能力。

其中，和谐关系是基础。它是指销售人员让自己的行为、观点与他人及所在的环境保持和睦、协调的能力。具体包含两层含义：

一是外在和谐，即销售人员能够根据情景及与客户的关系阶段，正确扮演好自己的角色，并与外部环境保持协调。通过有意识地放低自己，给对方掌握主动的感觉，而使对方放下防备心理，从而把表面上的劣势转化为事实上的优势。

二是个人的自我和谐，包括心理和行为两个方面。心理和谐是指通过换位思考，尝试着站在对方的立场看问题，进入对方的意识，感同身受地去理解对方；行为和谐则是指策略性地模仿对方，主动匹配对方的行为模式，以便促进双方相互理解。

寻找共同点同样可以快速拉近双方的心理距离，也是建立和谐关系的有效途径；同样，在与客户沟通的过程中，通过认同与赞美对方，也可以有效消除防备与抵触心理。因为人们喜欢和愿意认可认同自己的人！

总之，销售人员通过有意识地构建和谐关系，拉近双方的距离，可以建立起必要的信任，这是进入下一环节的基础。

（3）探需：激发要心

在与客户建立起了基本的信任以后，销售人员的提问等互动才可能获得更好的效果。

我们越是了解客户的需求与需要，越是容易发现机会。

很多销售人员总是自作聪明，觉得自己的领悟能力、理解能力超出一般人，客户还没开口讲两句，他就全"明白了"，甚至不想再让客户讲话了，然后开启自己的"复读机模式"，把过往的经验和所知全盘倒出来，接下来就期待着所谓成功奇迹的出现。殊不知却已犯下大错！

谁先过早亮出底牌，胜算的概率就会大大降低！在人际互动的过程中，谁先掌握了对方的底牌，谁将获得交往过程的主动权，甚至因此而赢得最终的胜利。

所以，优秀的销售人员要学会引导对方讲出所想。

①引导客户表达。

引导客户说出自己的梦想、目标、诉求！

◎ 你有什么困难、问题？

◎ 为什么会出现这些问题？

◎ 为什么你认为这些问题如此重要？

绝对成交
批量复制销售冠军

◎ 实现目标的过程中有什么困难？还有吗？

◎ 针对这些问题，有过什么举措？

◎ 都采取过哪些办法或尝试来解决？效果如何？

◎ 为什么您会这样想/思考？

请记住：所有的答案都在客户的嘴巴里，不在销售人员的脑子里。在此过程中，销售人员要学会少说多提问。只有这样，我们才可以实现对多类型客户的成功销售，把自己的业绩范围从熟悉的"三板斧"领域，不断扩展开去。

这也是营销工业化实现业绩倍增的重要基础。

②记得给客户"补刀"。

在客户讲出了自己的问题或痛苦后，销售人员不能浅尝辄止，还需要围绕客户的痛点：撕开，放大，撒盐。最好在客户讲出问题，表现出痛苦时，再补至少2刀！

即当客户讲出问题后，不能马上就停下来，这还远远不够！还要学会乘胜追击，继续追问1~2层的问题，以进一步放大问题及其危害，提高解决问题的紧迫性，从而提升销售成功的概率。

◎ 我的某某客户甚至觉得这都不算什么事，为什么你觉得这个问题这么重要？

◎ 你觉得这个问题这么重要，是不是还有其他的原因/考虑？

◎ 危害/影响除了这些，还有其他的吗？比如……

◎ 还有吗？

引导客户自己讲出自己的问题，是在做问题的确认。追问也是在做双方注意力的聚焦，从而进一步强化对方认知到的问题（及其影响）的重要性。

请记住：只有客户认知到并承认的问题，才真的是问题。

同时，销售人员还要有意识引导客户设想和想象问题长期发展下去的后果：这些问题不解决会怎样？对个人、对他人、对组织？过去？现在？未来？

只有足够痛苦，才有立刻改变的欲望！

当然，在这个探寻客户内心真实想法的过程中，不能一味地打击客户，或停留在收集信息层面，还需要时刻记住有意识地递进彼此的信任，同时帮助对方看到解决问题的希望和可能性。在客户表现出解决问题的意愿、设想、不放弃等亮点时，要即时给予认同和赞美，放大亮点，以不断激发客户想要的感觉，即要心，而不必急于进入销售签单的环节。

客户的要心越强，想要改变的意愿越是强烈，后续的销售进展就越顺利，合作成交就变得越容易。

（4）消除疑虑：寻找真因

当客户想要的意愿得到有效激发后，客户通常会表现出对销售人员或产品不同程度的兴趣。此时典型的表现是客户开始反问销售人员问题，即针对前期双方的沟通成果提出疑虑。

请注意：客户提出问题是基于双方沟通过程收集到的信息做出的正常反应。在与销售人员接触的过程中，客户其实是在寻找解决问题的答案！如果在需求探寻与激发阶段，销售人员能有意识地少讲话，那么此阶段客户提出的问题将更多是关于如何解决问题的，否则，就不得不讲销售人员所陈述的观点或产品里面的问题。

所以，我们明白了：所有的疑虑其实是需求激发不够的结果！往往不是真的有问题！

经验不足的销售人员在面对客户疑虑时，常常紧张得不行，他们的本

绝对成交
批量复制销售冠军

能反应是解释，或者试图说服对方：你的担忧完全没有必要，甚至拿出一堆东西来自证清白，然后开始拍胸脯、打包票，不自觉地开始过度承诺，甚至企图证明客户是错的。

销售高手的反应则截然相反，只见他们常常笑意盈盈，或是嬉皮笑脸，然后不慌不忙地问：

◎ 哈哈，为什么你会有这样的疑虑/担心？

无论客户说什么，他们都表现得很放松，并且乐意倾听客户所讲，然后立即做出反应并追问：

◎ 嗯，您讲得非常有道理，我特别理解！除了您说的这些，还有吗？

销售高手懂得：此时的疑虑其实是客户有兴趣的表现！而不是真的对我们有疑问！客户此时只是还不完全放心，销售高手深深地懂得客户此时话中有话，那就请继续讲来听听吧。他们的放松表现，其实只是为了进一步激发客户的表达欲望，让客户安心。因为每一个问题或说法背后的原因，才更可能是真正的需求。所以，别轻信客户的首次表态！

在接触企业的过程中，我们经常会遇到客户说自己的企业有一堆的问题，所以要做咨询项目。此时，我通常会微笑着无比真诚地看着对方：

◎ 某总，企业有问题很正常！没有完美的企业，做企业这些问题都很正常。何况像您这样锐意进取的企业家，企业遇到的问题与挑战一定比一般的企业更多。您之所以提出要做项目，一定还有其他的原因或想法！您如此相信我们，请继续给我讲讲吧！

这个时候，客户讲出来的才是真正的、发自内心的想法！这才是需求。

所以，当客户表现出疑虑时，请不要急于解决或解释！此时时机还不到，它只是表明我们前面的工作还没有做到位，只是需求激发不够的结果。很有可能你的信任也还不到位，一定是在某个环节出了问题，此时请重新回到上一阶段，那才是正解！

（5）假定成交：验证真相

一旦客户不再提出问题，并且表示没有更多问题时，就代表销售成交的时机可能已经到来。客户的反应通常有：讲话开始半开玩笑半当真；沟通氛围也不那么紧张了，甚至还有一些肢体上的接触，如果对方是长者，可能还会轻轻地拍拍你的肩膀。

请注意：此时只是有可能，不一定就没有问题了。很可能需要半推半就。

所以，为了验证前期沟通的成果，提高销售的成功概率，我们还要根据企业自身的业务特点设计一个成交模型，帮助客户一小步、一小步地接受我们的解决方案，从而在没有多大困难的情况下实现销售合作。

成交模型的目的其实特别简单：就是为了试探客户的反应，从而逼出客户的真实想法。这也是人际互动中最难、最重要的部分，我们通过工具的方式加以解决。需要注意的是，成交模型与传统意义上的成交套路有很大的不同，其主要是用来验证双方前期的沟通是否到位，而不是为了直接实现成交的。

对于预期之中（与成交模型相符）的客户配合反应，则学习"骆驼的策略"，得寸进尺吧！继续强化后续的成交动作。

为了让大家更好地记住这个策略，我们讲一下骆驼与主人的故事。

在一个寒冬的夜晚，有位阿拉伯人带着他的骆驼在沙漠里过夜。此时他正睡在自己的帐篷里，只见门帘被轻轻地撩起，他的骆驼开始朝里面张望。

主人和蔼地问它："怎么啦？你有什么事吗？"

绝对成交
批量复制销售冠军

"主人,我冻坏了。恳求你让我把头伸到帐篷里来吧。"

主人大方地说:"没问题。"

骆驼就把它的头伸到帐篷里来了。过了不久,骆驼又恳求道:"我善良的主人,我的脖子也有点冷,能让我把脖子也伸进来吗?"

阿拉伯人再次答应了。骆驼于是把脖子也伸进了帐篷。

过了不多久,骆驼又发话了:"主人,我的身子也有点冷,让我把前腿放到帐篷里来吧!也就只占用一小块儿地方。"

阿拉伯人说:"好吧!那你就把你的前腿也放进来吧。"这回阿拉伯人还自己主动挪动了一下身子,腾出了一点地方,因为帐篷太小了。

骆驼接着又说话了:"主人,其实我这样站着,打开了帐篷的门,反而害得我们俩都受冻。我可不可以整个站到里面来呢?"

主人想都没想,就说:"好吧,那你就整个站到里面来吧。"可是帐篷实在是太小,无法容纳他们两个。骆驼进来的时候说:"我想这帐篷是住不下我们两个的,你身材比较小,你最好站到外面去。这样这个帐篷我就可以住得下了。"

就这样,骆驼把主人挤到了帐篷外面!

所以,如果对方愿意一步一步地配合,那么恭喜你,说明客户已经开始接受你和你的方案了!

如果客户的反应超出预期,有可能不配合,有可能太配合,都要找原因,不可大意!

因为,在此关键时刻,快即是慢!

我们有个做教育的客户,在了解到其业务特定后,我们就和销售团队一起设计了一个非常棒的"5步成交模型"。

步骤1:如果销售人员与客户聊得差不多了,就给对方发一个信息表格，要求对方填写，并且告知对方，10分钟后请发给我，我将与你核对相关信息。这样就把以前发完后客户不理或客户没有时间填写的问题有效解决了。当客户填写完毕后，销售人员就可以通过审核信息的名义继续与客户进入下一个环节了。

步骤2：与客户一个一个核对信息。这个过程中就能体现出相较于其他机构的巨大不同，显得更为专业和对客户负责，继续强化客户对机构和销售人员的信任。进行到这一步，客户基本上就没有任何抵抗了，会顺利进入付款环节了。

步骤3：发付款码，请对方付款。

步骤4：核对付款。祝贺客户！

步骤5：索要通信地址，寄资料，请客户期待！

客户在成交后收获的是喜悦和满满的期待！这个销售模型设计好后，跑单率大大降低，而且打破了以前通过收定金，再追回款的长线业务模式，极大地提升了业务系统的成交效率！

需要说明的是：成交模型的设计要充分考虑到对方的接受难度和销售人员的操作难度，要足够低。同时，要考虑操作的可行性，涵盖主要客户群的习惯，强化双方的互动，最好要实现对销售节奏和关键节点的有效控制。

销售成交模型针对特定类型的客户，也可以进行部分定制。在企业（团队）、市场的不同阶段，这个成交模型可能都需要进行调整或改进，属于工业化方法的深化与拓展。只有这样，才能保证营销系统的持续高效和可复制性。在我们的营销工业化项目中只有部分学有余力的企业我们才会给出相应的建议。

先打好基础，才可以走得更远！

（6）持续服务：构建防火墙

很多销售人员在签单后马上就会进入寻找下一个客户的过程。他们常常认为：客户单都签了，销售工作已经结束，其他的事情就交给别人处理吧。这是一种短视，是对销售机会的巨大浪费！

实际上，销售还远未结束，甚至只是一个开始！

更大的销售始于服务！因为前期的合作很可能只是客户的试试看！此时，可能还有一部分疑虑与不满。签约后的服务与跟进是兑现前期"承诺"的过程，也是继续强化的信任大好机会。

一般说来，合作前期是一个最佳的、彻底地占领客户心智的机会。因为刚刚合作有新鲜感的存在，双方的感觉通常是很好的。所以，如能借此机会通过持续的服务接触，与客户一起创造某种美好的体验，并将服务体验推高到某个高度形成所谓峰值体验，就会在客户内心建立起一道无形的"屏障"，形成一道牢不可破的防火墙，从而实现对竞争对手的有效屏蔽。如能帮助客户形成有问题、没问题都找销售人员的习惯，则当客户自己或是周边的人有新的需求时，就自然会首先联想到你。而且，一旦形成习惯，其他的满足途径就会作废或失效，从而形成对销售人员的依赖。于是，你就成为了首选！

所以，我们通常建议：在成交后至少要有意识地设计2~3次的跟进服务触点。在此过程中，只想着如何为客户创造更美好的体验，让其感觉本次合作太超值、难忘。一旦实现这一点，再请客户把这样的美好体验分享和推荐给他的朋友，即可轻松实现有效的转介绍。

当然，大部分的销售培训会建议无论是否成交，都要不断地跟客户提转介绍的要求，并认为只要行动就有可能。方法无所谓对错，只是方法背后的理念是否可以持续帮助销售人员提高成交的可能性。我们更愿意建议销售人员做扎实自己的工作，把心中始终有客户的价值理念变成信念，这样才更容易帮助其走得更远！

6.3　销售接触设计——实现销售于无形

为什么我们和高手总是有差距

很多销售人员一直搞不明白，为什么同样的销售管理要求，不同的人做出来的结果总是不一样，甚至差距巨大：有的人能出业绩，而多数人却只能是疲于奔命式地应付。同样是拜访客户，一般选手屡屡受挫，客户跟进常常无疾而终，而销售高手通常则总是能轻松应对，满载而归。而且，要是有机会和销售高手一起去拜访客户，常常会很受刺激，感觉销售高手到哪儿都那么受欢迎。

为什么我们总是技不如人？这到底是为什么呢？

咨询实践的过程中，我们发现所有销售高手的客户接触过程虽然很多时候看起来很放松，有的甚至千篇一律，事实上，他们的每一次接触其实都不是率性而为，而是有"套路"的，甚至是处心积虑设计的结果。

正如前面我们在销售接触本质里面所讲的，销售其实是一个刺激客户，引发客户反应，然后根据客户反应进行自我调整，再进一步刺激客户的过程。销售高手在每一次与客户接触或沟通之前，通常都会提前思考6个问题：

①接触的目标或想要的结果是什么？

绝对成交
批量复制销售冠军

②对方想要的结果是什么？

③对方可能会有哪些反应？

④为什么客户会有这样的反应？

⑤我该如何面对客户的这些反应？

⑥怎么做才更可能实现目标？

原来销售高手见客户前，都是提前补过"6个核桃"的！

是的！专业的销售人员都在围绕目标行动，而不是为了接触而接触。因为他们懂得销售接触其实并不是真正的目的，或者说仅仅保持足够高的接触频次其实还不够，还要提高客户接触的有效性，关注双方的目标是否得以实现。

这就是我们经常提到的目标决定方法！只有心中时刻有目标，才能看到问题和更多的机会。销售高手在每一次的接触过程中，始终围绕目标展开行动，总是有意识地强化每一次接触的效果，并逐步实现他们的目标。而一般选手则对此通常比较模糊，甚至很多时候都是迫于考核指标，随机地拜访客户，现场沟通全凭临场发挥。这样的无准备之仗打下来的结果就是：一方面无法确保销售接触取得应有的成果或实现预期目标，无法有效促进销售进程的推动。另一方面，客户的反应又会进一步干扰和再次影响销售人员的正常发挥，从而迟滞了销售的成功，感觉越做越不对。

销售高手的客户接触不一定很频繁甚至也不着急，但总是能围绕目标实现销售节奏的稳步推进，不断有意识地推动销售的深入，累积小的结果，然后不断地进行重复和强化，从而把接触的效率和有效性提高到了极致。

我们与高手之间的差距，其实就是在这样的有意和无意间累积出来的，这才是导致我们和高手之间差距越来越大的原因。

销售接触成功的关键原来在于设计！

销售接触设计是什么

所谓销售接触，也叫销售接触点、营销触点或销售触点，是指企业的产品、信息、人员及服务与客户或潜在客户产生接触和联系的机会。

为了更好地推进销售进程，销售人员必须有意识地对客户接触机会和接触过程进行系统设计，以提高销售接触的有效性，提升销售接触的效果，从而提高成交的可能性，这就是销售接触设计。

销售接触设计要回答：在什么时间（When）、什么地点（Where），以何种方式（How）与潜在客户发生联系与互动，包括对接触机会、接触过程和结果（或目的）的设计与管控。同时，为了提高接触的有效性，改善接触效果，还应对接触过程和结果进行评估与改进。

所以，完整的销售接触设计思考应该包括：

◎ 为什么要接触？接触的预期目标是什么？

◎ 与谁接触？什么时间、什么情况（情形）下接触？

◎ 如何接触？如何保证目标或结果的实现？

◎ 有没有实现？为什么实现了，成功在哪里？

◎ 如果预期目标没有实现，出现了哪些问题？

◎ 原因是什么？如何改进？

实践表明：销售接触设计是提高营销过程控制、有效改善营销工作效果的重要手段和举措，可以帮助销售人员实现销售于无形，甚至保障企业的赢利水平。

为了更好地让大家理解这一点，还是先来看一个案例吧。

绝对成交

批量复制销售冠军

海底捞为什么大家都没学会

2018年9月,有一家中餐企业在香港资本市场挂牌,上市伊始其市值就一度超过了1000亿,震惊海内外。

没错,它就是海底捞!

这家餐饮企业很特别,在小肥羊还很盛行的年代,如果是2~3个人去就餐,小肥羊的正常消费水平大概200~300元,而去海底捞通常情况下是400元起。按说单从火锅的招牌食材牛羊肉来说,来自内蒙古的小肥羊应该不比来自四川的海底捞差。可为什么客单价相差如此悬殊?口味真的相差那么大吗?

如果一定要比较,那么真正的差距到底在哪里呢?

在我们看来,海底捞才是销售接触设计的真正高手!它们卖的根本不是火锅,也没有简单地停留于食材本身即产品功能的部分,而是通过设计将人员价值融入到了整个客户的就餐过程,他们贩卖的其实是人们的就餐体验!如果不能理解这一点,可以去对比一下两家公司网站的首页,立即就会明白这一点。

让我们还是从销售接触设计的角度,来看看为什么很多人学习海底捞却没有学会吧!

海底捞的店通常布局在人群密集的商圈(如Shopping-mall、商业街),这些地方的共同特点是在就餐时间需求很集中,到处人满为患,所以往往会有大量和长时间的等待问题。针对这种情况,海底捞打破了很多中餐企业恨不能把所有空间都摆上桌子的惯常思维,别出心裁地空出近1/3的营业面积专门提供等位服务。

为什么要这样做?

很简单：在类似餐饮这样的现场服务业态中，如果营业面积占用超过了某个度，客户的体验就会受到影响而感觉不好！我们在给此类客户提供咨询服务时最典型的一个建议就是：先撤掉一部分餐桌或柜台。只要照办的，业绩都会有不同程度的提升。

所以，看上去海底捞是在"不计成本"地服务客户，其实是在关注客户的用餐体验而已！

继续看看他们的销售接触设计吧！

等位空间只是起点，海底捞还为等位的客人提供免费水果、饮品。考虑到吃火锅一般都是集体出动，所以等位区还安排了桌子、纸牌等娱乐用品，这样漫长的等待时间就会不那么难以打发了。而且，等候区还有脸上永远洋溢着笑容的服务生，他们不断地给客人上新、收拾残余。后来又不断增加新项目，比如擦鞋、美甲等，并且还非常关注客户的感受。以擦鞋为例，不是单纯的擦鞋，还通常会配一个大大的金黄色垫子，让客人坐在中间感觉尊贵！

在等位的过程中，所有的工作人员都只是在"简单地"对你好，似乎根本就不需要考虑成本，让你感觉就像回家了。如果临时有事要走，服务人员还特别热情地送你出门，一点也没有嫌弃你"占便宜"的样子。如此，等位的人岂好意思提前走？真有事走掉了，下次岂好意思不回来？

所以，我们明白了，这哪里是在不计代价地对你好，这是在利用人们"不愿意欠别人"的人性之善获客。这其实是在抢客流！

很多餐饮企业学海底捞，但总觉得不对劲儿，学不会。他们会把等位的椅子摆到公共走廊上，有的也会给一些小零食，只是总感觉不是那么大方，甚至略显小气。通常还会配备1~2个服务员，而这些工作人员常常恨不得把客人直接拖进店里去，因为他们的任务就是获客。结果没有几个客

绝对成交
批量复制销售冠军

人敢坐,很多人还是愿意去海底捞等。

所以,这哪里是在给店里拉客,简直是在给海底捞送客!

再让我们再继续看看整个就餐的过程。

如果你好不容易等到了位置,会被领到刚刚空出的餐台。还没落座,服务员的各种跟进动作就来了:围裙递上,各种饮品满上……,此时,服务人员和你全程有说有笑,你心情大好,所以点餐时点得又多、又快。请注意:餐饮业的关键指标翻台率、客单价,你都在无意间配合完成了。

接下来,菜品很快就会摆满台面。服务员马上会笑嘻嘻跟你说:哥/姐,我给你下了哈,这个要趁鲜吃!你本来可能还要酝酿酝酿慢慢来的,结果没几分钟盘子已经空出来好几个。如果你是请客买单的人,大部分人为了避免尴尬,通常会再加几个菜,客单价就这样又提高了!

当然,还有很多举动感受之好,同样让消费者无法抗拒。如果正好有人过生日,周边的服务员3~5人会快速聚集,开开心心地带着大家一起唱生日歌,满脸的幸福笑容,有时亲朋也未必有他们放得开,这感觉太好了!所以下一次不管是谁的生日,请问你会去哪里过?

如果是一个人就餐,那么恭喜你,你绝对不会孤单,服务人员会"贴心"地在你的对面放一个玩偶,让你就餐的全程不得不思考一个问题:下一次是不是应该带真人来吃比较好?

所以,引流的问题也一并解决了!

就餐接近尾声,你常常会突然听到一片欢腾。原来邻桌的客人点了面条,一个帅气的男生正在表演拉面功夫:只见白色的面条在空中飞舞,有时还差点碰到客人,一群人的心跟着面条翻腾,不时尖叫,满桌开怀不已。不错!这个挺好玩,虽然可能已经吃得够饱了,但还是控制不了自己,也点一个吧!就这样,你又加了一个菜!如果表演者正好又与你做了互动，一根面条显然是不够的，再来一根吧！

……

就这样，整个就餐的过程将不再是吃一顿火锅那么简单，在服务员全程的热情互动下，它俨然成了一次充满欢声笑语的美好体验，久久难以忘怀！于是逢人就会称道，并忍不住推荐。最难以置信的是：海底捞的服务员在做这些的时候，是没有考核指标的！

由此，我们就不难明白为什么大家都没有学会了：海底捞的整个就餐体验中，销售是实现于无形的！

一起来看看销售接触设计背后的原理吧。

如何进行销售接触设计

（1）销售接触设计的基本假设

销售接触设计要充分考虑客户的接受难度，同时与客户的购买过程和习惯进行有机结合。所以，销售接触设计是基于对销售人际互动本质的理解。

销售接触设计背后的主要假设：

◎ 销售是一个逐步影响和说服潜在客户的过程。

◎ 一般说来，接触点越多，代表机会越多，就越有可能实现对目标客户的影响和说服，从而提高销售的成功率。

◎ 感知＞事实，客户的感觉最重要。只有客户感知到的利益才真正有价值。

◎ 客户在接触过程中的感受会形成消费/购买体验和经验，决定购买和再购买。

◎ 创造客户峰值体验，屏蔽竞争对手，让客户形成依赖！

以上假设表明：与客户的接触应该是一个"长期"的过程。这里的长

绝对成交
批量复制销售冠军

期并不一定是实际的时间长度，更多的是指在心理上销售人员不应急于求成，所有意图和目的性过于明确的、急功近利的行为，都会引发客户的防备、质疑，甚至是抵触。

所以，销售接触设计就是要通过"缓慢"而稳健的方式对客户施加积极影响。通过有意识地关注客户感受的环节设计，放松其警惕，使其在相对放松的状态下，更好地接受销售影响和说服，从而实现销售于无形。

这背后是基于对人性的深刻认识：人是社会动物，最怕接触！所谓"一回生，二回熟，三回就是老朋友"。这个销售人员与客户互动的过程中，双方可以形成一种超越利益的共同的情感交集——交情，这让双方的合作变得更容易。而且，互动过程中客户的参与感觉增强，所以双方的认同感也就更强烈。

只要客户的感觉变了，需求就自然产生了。

（2）销售接触设计的3大原则

①场景化原则。

销售触点首先解决的是接触机会的问题，即在什么样的情况、情形下与潜在客户接触，它回答的是什么特定场景下与客户互动的问题。所以，客户在哪里，触点设计就应该涵盖其中。

所谓场景，它是时间、空间、人物与事件的结合，即客户会在什么时间（when）、什么地点或场合（where）、和谁（with who）以及因为什么原因（why）出现。所以，触点设计要基于客户了解、体验、使用或消费产品/服务的各种场景设计接触的机会，设计如何与客户接触，并实现全场景覆盖。

而且，因为人是环境的产物，所以其行为和感受通常具有即时性。因此只有在特定的场景下，人才会有特定的感受，因此我们采取什么样的行动或举动去影响对方的感受和感觉，不仅跟对方是谁有关系，还跟当时的场景有很大的关系。

所以，针对不同的场景和人，应该有差异化的设计和变化。这样对方的感受才会更为强烈和真实！

②过程化原则。

销售的实现是一个逐步影响客户的过程，所以为了确保接触目标的实现，销售接触设计还要在客户接触的整个过程中持续施加影响，即要尝试着锁定客户与人、产品/服务接触的全过程（From start to end），通过多渠道设定接触机会施加更多的人为影响，以持续施加销售影响，从而提高实现目标的可能性。

这个过程的概念既包括时间的顺序，也包括事情发展的阶段与进程，即任何事情是一个渐进变化的长期过程，通常会经历不同的发展阶段。因此，在不同的阶段、不同的时点，要有符合阶段特点的设计。所以，触点设计的过程化原则还包括一个时机的概念在里面。销售人员要准确判断当下的时机，尤其是要判断客户当下的心理状态、接受程度，从而确定最佳的互动方式与做法，有针对性地采取刺激动作，做到事半功倍。

当然，过程化的背后还有一个接触累积效应的问题。考虑到客户、人员、时机等差异，各个销售接触设计的影响效果其实是不完全确定的，因为我们无法预测哪一次接触或互动能起到作用，甚至也不知道到底哪个互动真正起到了触动（打动）客户的决定性作用。这就是人性的不可预测性。

所以，在做触点设计时不应奢望通过一次接触互动就可以实现所想，更不能心存"一接触就成交"的幻想。优秀的销售人员懂得：用全程的努力，去不断尝试和坚持，直到成功！

绝对成交
批量复制销售冠军

③感觉化原则。

销售接触与沟通的本质是人际互动，所以我们做什么、说什么不重要，客户的感觉(受)才更重要，即用什么样的方式更利于客户价值的体现？因此，销售接触设计的核心就是在客户的感知价值方面去找答案，强调并关注接触过程中的客户感受。

为什么？因为在销售接触的过程中，人的感觉是情绪的反应，而情绪是有波动和易逝的，正所谓时过境迁，会随着时间的变化而改变。所以，如果销售人员能有效地识别客户当下的情绪变化，并根据情境的变化有意识地去施加影响的话，那么客户接触效果才会更明显，对客户的影响会更大。简单地说，实现销售合作的可能性就越大。

所以，请牢记：感知＞事实(Feeling is Everything)。在产品或服务的基础上，更多地关注客户的感受会有更多、更大的收获。

事实上，每时每刻人都会受到很多信息的刺激，即使是客户正在和销售人员沟通时，也是如此。比如客户沟通时销售人员不经意间抛出的某个话题或者观点、发给客户的某些信息，很可能都会对客户产生影响，甚至转移其注意力，从而给销售进程带来不必要的干扰。

因此，我们在进行销售接触设计时，必须要知晓和考虑客户可能的关切、利益等，并在接触过程中对其反应做出即时的反馈与调整。只有客户能够意识并感知到的价值，才真的有价值。其中，销售人员在互动过程中传递给对方的情感利益，是形成美好体验的重要基础。相较于产品而言，这个部分有无限可能性，可以不断进化。所以，优秀的销售人员通常是做客户感觉的高手，他们能轻松感知客户的情绪。

销售接触设计的最高境界就是在放松的状态和氛围下，实现销售人员与客户情绪和精神上的同频共振，实现销售于无形。

（3）销售接触设计的3个关键

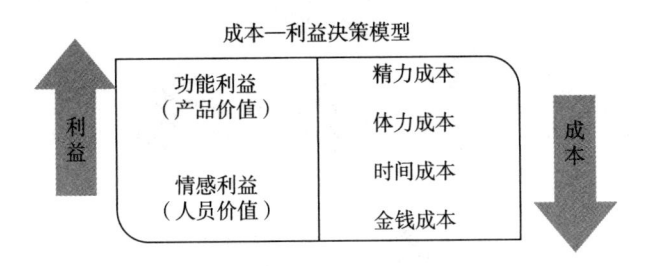

成本—利益决策模型

利益 ↑	功能利益 （产品价值）	精力成本	成本 ↓
	情感利益 （人员价值）	体力成本 时间成本 金钱成本	

①理解决策过程。

客户的决策通常是成本与利益（价值）权衡对比的结果。

所以，要完成对客户决策的影响，销售人员可以在成本与利益两大纬度施加有效的影响，从而促使客户得出利益>成本的判断。这种对比的感觉越强烈，越容易形成有利于成交的条件。

在同质化越来越明显的当下，产品的功能利益通常是差不多的（很少能见到代际技术差距的产品同场竞技），是底线和基础。所以，要让自己从同质竞争中凸显出来，人员情感利益的强化才是突出重围的重点和关键。

销售接触设计的核心目的就是要强化和凸显人员价值利益。

②利用选择性关注。

人们对事物的感知（受）通常受到特定情境下注意力的影响。

选择性注意（selective attention）：在信息爆炸的时代，人们时刻处于多种刺激之下。在同时面对众多的刺激时，人们更可能注意与目前的需求有关的刺激、更可能注意其所期望的刺激、更可能注意某些大幅度偏离正常状况的刺激，即人的注意力是有选择性的。

常见的选择性关注有五种，如图示：

绝对成交
批量复制销售冠军

所以,所谓的价值只有在被感知(受)到时,才真正有意义或有价值。销售接触设计就充分考虑和利用客户的选择性关注。要成为销售高手,不能简单地停留或满足于传递信息层面上,还需要利用好对方的注意力,吸引、引导和锁定其关注。

结论:利用对方的注意力与兴趣,才是传递价值的关键!

③客户视角思考。

销售接触设计需要时刻围绕客户展开思考,并在此过程中形成将个人、企业及产品的特点与优势等进行有效植入的习惯和本能。

◎ 客户是谁?(基本信息、兴趣/爱好、个人特点)

◎ 客户出现或存在的场景?(时间、地点、人物关系、原因)

◎ 客户的场景需求是什么?(现实、心理需求:个人+组织)

◎ 客户所处阶段与状态?(人际关系:防备、了解、兴趣、认可、信任、信赖)

◎ 接触设计的递进目标是什么?(目的:为什么要接触)

◎ 如何实现接触目标?(做什么?怎么做?成本可接受吗?过程与结果是否可控)

◎ 客户反馈如何？目标是否达成？（接触结果如何）

◎ 客户接触过程能否优化？（过程与细节是否到位）

◎ 存在或需要解决的主要问题？（阻碍关系递进的原因分析）

◎ 如何铺垫下一次接触？（目标及铺垫接触机会）

◎ 如何进行调整？（应对策略与行动调整）

（4）销售接触的系统设计

第一步：划分关键销售阶段。

为了更好地结合企业现有的业务，首先需要简单梳理一下企业的核心业务流程，即整个销售实现的全过程，知晓销售是如何在企业内部系统中实现和完成的，从而帮助团队形成全局概念。这一点很重要！

既然销售不是一步到位的速胜，而是一个逐步实现影响的长期过程，那么企业就可以结合自身的业务特点，对从初次接触（甚至更早）的起点到持续合作成交之终点的整个过程进行分析，设定递进的计划，从而实现对销售进程与节奏的整体控制，并尝试着把销售的全过程分成若干关键的销售阶段，设定销售接触的阶段性目标。再依此类推，围绕这些关键的销售阶段进行细化，形成若干小的过程、重点活动或阶段，我们统称为销售场景。

只要实现了对销售场景即销售接触过程的控制，就能实现对销售整体结果的控制。这就叫设计结果！这样做的好处有两点：一是降低了各阶段的难度，二是降低了对销售人员能力的整体要求，更有利于实现整体资源的最大化利用。

其中，区分关键销售阶段的关键区分点，也称为销售节点，需要对其进行重点控制。如图示：

绝对成交

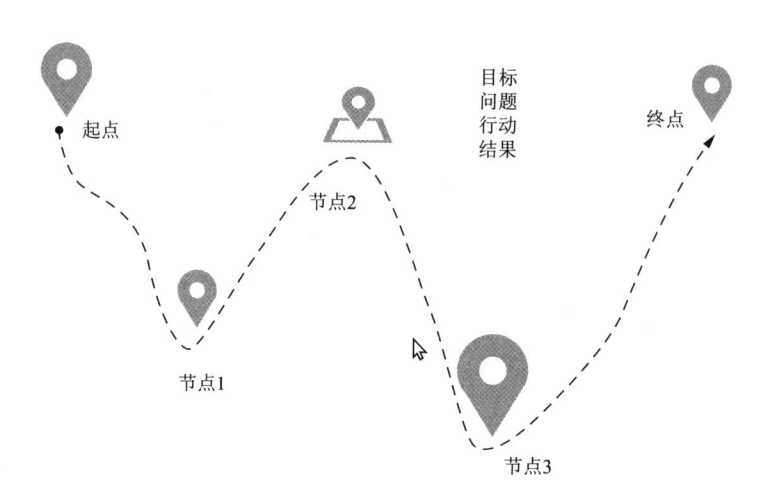

批量复制销售冠军

起点 · 节点1 · 节点2（目标 问题 行动 结果）· 节点3 · 终点

第二步：设定特定场景。

考虑到大部分成长型企业的销售过程管理整体上还较为粗放和简单的现实，建议前期进行重点场景的点式突破，即先选出企业或个人认为对业绩影响作用最大、最重要的常见场景进行设计。以海底捞为代表的餐饮企业为例，其关键销售阶段大体如下图所示：

进店前	等候区	就餐区	离店
·进Mall前 ·Mall内闲逛 ·寻找就餐	·找位置 ·等候 ·准备位置	·落座 ·点餐 ·用餐 ·准备买单 ·买单 ·准备离场ing	·离场ing ·出店前 ·出店后

可以看到：在4个大的销售阶段划分下，大体又可分为15个小的场景，每个场景下是不是就可以有很多销售接触的机会？

再如工业企业的销售过程，大体可分为6个阶段25个场景：

通过这样的思考，我们会发现销售人员与客户接触的（互动）机会突然增多了！

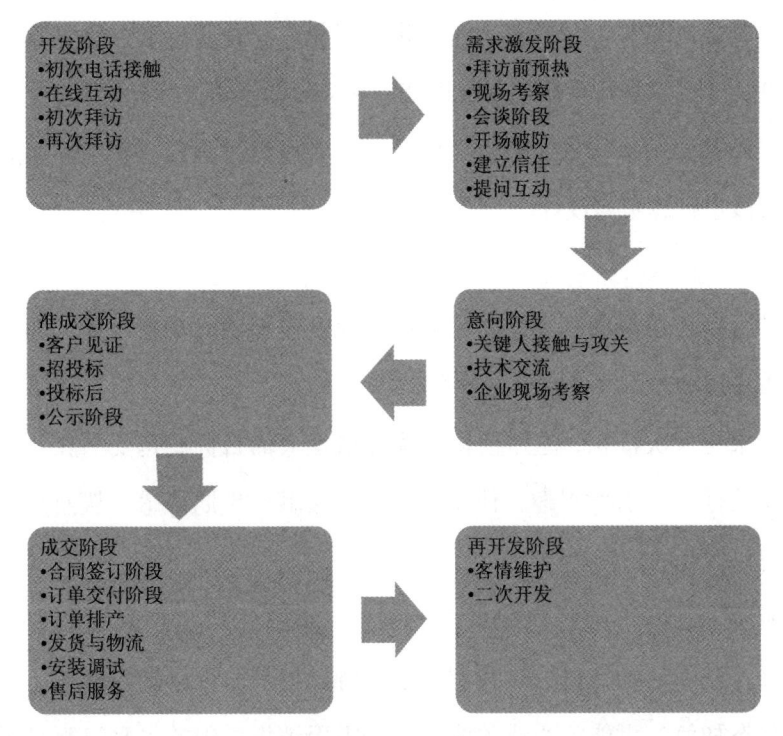

```
┌─────────────────┐         ┌─────────────────┐
│ 开发阶段        │         │ 需求激发阶段    │
│ •初次电话接触   │         │ •拜访前预热     │
│ •在线互动       │　──→    │ •现场考察       │
│ •初次拜访       │         │ •会谈阶段       │
│ •再次拜访       │         │ •开场破防       │
│                 │         │ •建立信任       │
│                 │         │ •提问互动       │
└─────────────────┘         └─────────────────┘
                                     │
                                     ↓
┌─────────────────┐         ┌─────────────────┐
│ 准成交阶段      │         │ 意向阶段        │
│ •客户见证       │         │ •关键人接触与攻关│
│ •招投标         │  ←──    │ •技术交流       │
│ •投标后         │         │ •企业现场考察   │
│ •公示阶段       │         │                 │
└─────────────────┘         └─────────────────┘
        │
        ↓
┌─────────────────┐         ┌─────────────────┐
│ 成交阶段        │         │ 再开发阶段      │
│ •合同签订阶段   │         │ •客情维护       │
│ •订单交付阶段   │  ──→    │ •二次开发       │
│ •订单排产       │         │                 │
│ •发货与物流     │         │                 │
│ •安装调试       │         │                 │
│ •售后服务       │         │                 │
└─────────────────┘         └─────────────────┘
```

先前总是指望通过1~2次接触就成功的销售模式更像是一个要么Yes要么No的单向开关，对销售人员的能力要求高，而通过销售触点设计，销售就变成了一个可无极变速的递推器，可以根据个人的情况，设定适合自己能力和客户阶段的节奏，一步步稳步推进，总有一天会成功，从而实现绝对成交！

所以，销售通过接触设计，成功因此只是个时间问题，而不再是一个所谓"靠天赋""靠超能力"的不确定过程。这也就解释了为什么很多人总觉得销售冠军其实也不过是普通人，能力并没有想象中那么出众，却可以成功的原因了。

第三步：区分场景阶段。

要实现对销售过程的有效控制，尤其是要提升销售接触的有效性，必

绝对成交
批量复制销售冠军

须进入特定的场景。只有进入了特定的场景，工作目标和行动才真正具有针对性，才可以进行系统规划与设计，并与日常行动进行有效结合。

对于某个销售场景（事件或活动），则可以按事前、事中和事后三个大的阶段进行思考与设计。

①事前阶段。

结合销售逻辑的基本思想，事前阶段首先要明确场景目标，即特定场景下销售接触的阶段性目标是什么？

如果是首次接触，这个阶段销售接触最大的目标就是要消除对方的防备或不信任感，引发兴趣，使其对后续的接触产生期待感，从而为后续的接触建立良好的信任基础。

所以，让对方期待后续事情的发生，就应该成为该阶段最主要的底线目标；基于这样的目标，我们在进入特定场景前可以提前思考：客户当前的状态如何？可能关心或关注什么？阻碍销售进程的主要问题或原因是什么？解决问题的关键是什么？如何设计或增加哪些环节以引发客户的期待？

内部方面：需要哪些资源、团队配合？需要提前做哪些准备？

这就是基于接触目标的销售触点设计。

②事中阶段。

事中阶段，则要梳理整个销售目标的实现过程，即如何一步步展开销售接触，实现目标。在这个过程中，如何结合销售逻辑与业务流程进行结合，在建立客户信任的基础上，展开需求的探寻与激发，设计销售目标的实现过程，让客户的期待变成可以感知和感受到的显现价值，并形成美好的接触体验。

比如，如果是初次见面，什么样的开场白可以引发客户的兴趣与关注呢？是否可以设计某个环节与客户发生互动，以增强客户的美好感觉，比如一起合个影怎么样？见完面，能否再做一些跟进呢？如何实现这一点？等等。

这个阶段的主要目标是递进关系，最好有一部分超出对方预期的意外惊喜，比如加入一些贴心的细节设计，强化和延续前期接触过程中形成的美好感觉。

③事后阶段。

该阶段的主要目标是进一步强化前期的美好感觉，及时跟进并进一步强化和推高客户的体验峰值，以使客户形成信任依赖与习惯，继续构建阻碍竞争对手的进入壁垒，让自己成为客户的首选，从而持续和长期锁定客户。

总之，每一次客户接触我们都可以在事前、事中和事后进行有意识地系统思考与触点设计，从而把接触的战线从单点变成多点，甚至变成一条线，而实现对客户有意识地持续和全过程影响。

第四步：设定关键接触行动。

所谓接触行动是目标更为聚焦、更小的销售阶段和场景，是相对完整的一系列接触机会的组合，可以形成相对明确的阶段性接触成果，它是人为划分的结果，无所谓对错，取决于划分者对于销售过程及其关键节点的理解，与客户的业务操作习惯进行结合即可。

接触行动可以在特定场景的事前、事中及事后三个大的阶段基本上进行细化，并设定接触目标，即接触的目的是什么？想要达到什么效果或状态？行动的要点有哪些？

当然，在实际执行过程中，原定的关键行为或方式可能与实际情形存在差异。为了保证接触目标的有效实现，还需要根据目的明确关键行动背

绝对成交
批量复制销售冠军

后的基本策略和指导精神,从而为触点设计和执行提供原则性的指导,保证接触行动的针对性和有效性。

第五步:设计接触细节。

细节决定成败!

绝对成交模式的基本精神是要感动而不是套路客户。所以,需要回归到接触行动和过程思考,如何通过细节打动(感动)对方:

◎ 操作的关键点是什么?

◎ 如何保证行动要点得到有效体现?

◎ 如何在现有接触基础上加入走心设计,用细节打动客户?

从销售接触标准化角度,最好有时间、实现方法、标准和过程记录四大构成要素。只有要素齐全的标准,才可以得到有效的复制和推广。

需要说明的是,接触细节的设计无所谓对错,其最主要目的是实现对问题的简化和注意力聚焦,帮助销售人员将一个长期的销售过程具体化到某些重要的、有价值的关键行动和行为上,从而提升接触对于销售的促进作用。从实践经验来看,只要有意识地在接触细节上进行投入,都会从客户处获得正向而积极的反馈,从而提高销售接触的有效性。

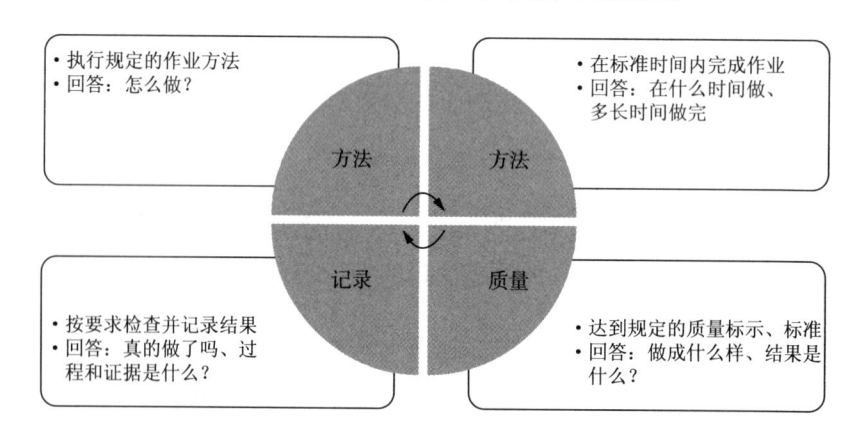

方法	方法
• 执行规定的作业方法 • 回答:怎么做?	• 在标准时间内完成作业 • 回答:在什么时间做、多长时间做完
记录	质量
• 按要求检查并记录结果 • 回答:真的做了吗、过程和证据是什么?	• 达到规定的质量标示、标准 • 回答:做成什么样、结果是什么?

此外,这样的系统设计还可以帮助控制销售的整体节奏。在销售的不

同阶段，销售人员只需要关注当下的目标，从而降低了对人员综合能力的要求，让销售领域的工业化协同变得可能。

6.4 销售接触的标准化及其改进

销售接触标准的形成

销售接触设计是销售阶段性成果及销售目标实现的重要保障。

为不断提高销售接触的有效性，还需要有意识地对销售接触过程中的成功经验进行总结，形成标准化沉淀，从而让个人偶然的销售接触成功变成团队必然。

从销售接触设计到触点评估、行动调整的整个步骤如下：

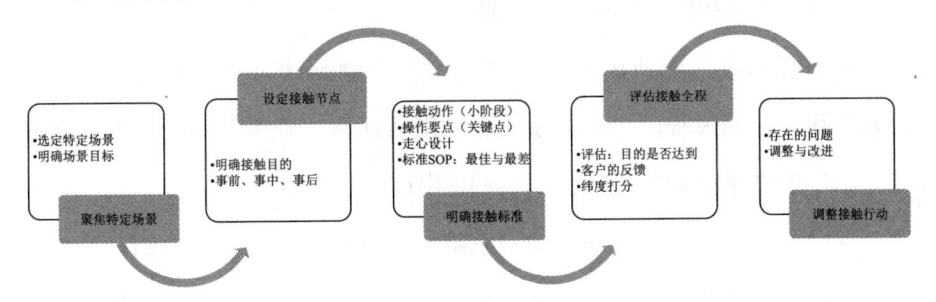

```
[设定接触节点]                    [评估接触全程]
    ↓                                  ↓
• 选定特定场景    • 明确接触目的    • 接触动作（小阶段）   • 评估：目的是否达到   • 存在的问题
• 明确场景目标    • 事前、事中、事后 • 操作要点（关键点）   • 客户的反馈          • 调整与改进
                                   • 走心设计             • 纬度打分
                                   • 标准SOP：最佳与最差
    ↓                                  ↓                        ↓
[聚焦特定场景]                    [明确接触标准]              [调整接触行动]
```

通过帮助团队在现有基础上进行系统性的优化，形成共享的标准，从而整体提高团队的销售接触效率和接触效果。而且，这是一个可以持续进化的模式，使得销售团队的集体进化变得可能而且简单。

所以，销售接触的标准化是一个从团队实践中来，再到团队实践去的过程。这也是销售实现工业化复制的重要基础！

绝对成交
批量复制销售冠军

复制和优化有效销售接触过程

为了持续提升企业销售接触水平，需要不断地对现有的销售接触进行及时的评估和反馈，并进行优化与调整，以实现对有效销售接触过程的复制，使相关触点设计能适用于更广泛的客户类型，帮助销售人员形成相对固定的"套路"（标准），从而可以持续进行刻意训练，以实现熟能生巧的本能反应效果，做到自然、高效，实现销售于无形，成就其绝对成交能力。

销售接触设计评估的主要作用方向有两个。

第一，明确和优化销售接触节点。

销售接触设计是一个渐进和不断改进的过程，不应该是一个固化的标准模式，它应该根据实践的效果进行即时调整，因此也不应该有一步到位的幻想，即如果前期预想的触点设计未能达到目标，或是在这个过程中出现了意料之外的情况，那么精明的销售人员马上就会进行自我调整，增加或调整接触环节，从而使得接触能时刻围绕目标展开。

第二，建立和优化接触过程标准。

正如我们在前面所讲到的那样，销售接触设计是一个从实践中来，回到实践中去的过程。也就是说它必须随着团队、业务及客户的改变而改变，在改变的过程中实现业务、客户和团队的结合。

所以，只有在"设定→行动→总结→调整→再行动→再总结"这样一个持续的循环适应中，才有可能实现对相关标准的逐步固化，但又不是完全固化。也就是说，销售接触过程的标准是需要不断持续优化的：现有的做法有否达成目标，客户的反馈是什么？存在哪些问题？如何调整？

下面以一个客户的促销活动场景为案例（见下表），项目期间其动销业绩是先前的2倍左右，通过销售接触场景标准工具，我们来一起感受一下销售接触设计与评估的完整成果。

营销工业化———绝对成交的底层逻辑

销售触点设计SOP——常用场景（动销）

场景目标：
1. 实现老客户到场率60%+；
2. 现场成交率80%+；
3. 客户满意度100%

更新日期 2018-12-5　版本 2.2

阶段	序号	接触行动（接触点）	重要度 A/B/C	接触目标	行动要点	特别设计 如何打（感）动对方	接触评估标准 最佳（倡导）	接触评估标准 最差（反对）	结果与客户反馈评估 接触目标达成	结果与客户反馈评估 客户反馈	评估得分	调整与改进 存在的问题	调整与改进 改进策略与办法	备注
事前	1	电话提醒	A ✓	让客户记住，对销售人员有印象；到场率：60%+	至少提醒两次；绝口不提销售或产品的事，就是对客户好！	1、活动前一天：阿姨，明天上午的活动，我们特别给您准备了一份礼物，特别提醒您，请上午10点准时到哦！ 2、活动当天（提前1~2小时电话再次提醒）：嗯，好的，一会儿您是怎么过来啊？……嗯，那我到时给您和家人一起来？……嗯，那我到时候下过去不过来，安排一名同事接待并给客户打电话说明。	客户一听电话就知道是你见面就认出来了	客户依然没什么印象，甚至反感	65%	80%左右的客户记住了	9	客户到达太集中，忙不过来	分时段错开预约定时间	
事前	2	热情招呼与接待	A ✓	让对方放松、安心	打招呼：自然、热情，面带笑容；接待：营造老客户的尊贵感	寒暄：聊2~5分钟，不能太快结束，让客户多说、开放老客说，开放老客户配合，一定要和同事配合，让客户听到	精神状态像刚捡了钱一样兴奋；扶客扶住对方不过来的家人一样发自内心	情绪低落，不情不愿，甚至不扶	80%		8			
事前	3	寒暄与赠礼	A ✓	Vip感觉，引入下一个环节	寒暄：您是，怎么过来的？……嗯，不能太快结束，让客户多说；赠送礼品、一定要和同事配合，让客户听到	寒暄：您是怎么过来的？……嗯，很高兴您能近身体怎么样？……嗯，很高兴您能近身体怎么样？我给您准备了一份小礼物，并提前准备好的东西，李阿姨过来了，请同事呼唤，张……，最好贴个标签	热心、自然、发自内心关心客户	程序化敷衍，没有感情	80%		6	礼品准备仓促，现场有点乱		

139

绝对成交
批量复制销售冠军

续表 2.2

场景目标：
1. 实现老客户到场率60%+；
2. 现场成交率80%+；
3. 客户满意度100%

更新日期 2018-12-5

阶段	序号	接触行动（接触点）	重要度 A	重要度 B	重要度 C	接触目标	行动要点	特别设计 如何打（情）感）动对方	接触评估标准 最佳（借导）	接触评估标准 最差（反对）	结果与客户反馈评估 接触目标达成	结果与客户反馈评估 客户反馈	结果与客户反馈评估 评估得分	调整与改进 存在的问题	改进策略与办法	备注
事中	1	探需	√			了解客户的想法，激发需求	多问少说，及时互动；放大痛苦，让客户想要解决问题	对了，阿姨，您刚打说您身体有点不舒服，嗯……那您有没有去看医生或想什么办法解决呢？能眼我说说吗？难受起来了都是什么情况啊？那有没有去看医生或想什么办法解决呢？效果怎么样？那现在准备怎么办呢？	像儿女都不知道一样，耐心了解客户，让客户讲出心中所想	自以为是，什么都知道似的，不提一个劲推销产品	80%	部分客户有抵触，态度变化很大	7	总感觉自己有推销的嫌疑，怕卖不了东西，着急	弱化销售考量，强核，化行动评估	
	2	介绍产品			√	让客户知道自己的问题有对应的解决办法	帮助客户，不要"卖"；让客户自己找答案，少告诉客户要怎么做	针对您说的症状，有几个药是能对症的，您一下，我拿给您看看……	像儿女一样，帮助客户一起找答案，心平气和地介绍，讲解过程中与客户互动	复读机一样，合同，继续推销	70%		8			
	3	异议消除		√		了解客户还现在不买的真实原因	多问，表示理解，回到1	嗯……，那你现在问题不解决了吗？	很平静地讨论该怎么办，帮客户解决问题，并为其担心上火	强行说服，继续推销	70%		7.5	还是习惯性说服		
	4	尝试成交		√		给成交的理由	以提供好处的方式给政策，一定要让客户感受到你是在帮助Ta解决问题	我特别理解您的心情！这样吧，我和领导申请一些特殊政策，帮客户简单说明一下，能不能给客户一些政策	帮助客户解决问题的心态，真的帮助客户解决问题	为了完成自己的业绩，只想着卖东西	90%		8.5			
	5	成交			√	解决客户成交后的后顾之忧	保持热情，继续服务	帮助客户解决结算、排队、打包等问题，送小票留电话，提醒客户，1周内将电话回访用情况	继续保持热情，让客户一直有人关注	马上去接其他客户	80%		9.5			

营销工业化——绝对成交的底层逻辑

续表 2.2

场景目标	1、实现老客户到场率60%+； 2、现场成交率80%+； 3、客户满意度100%					更新日期			2018-12-5		版本	2.2
阶段	接触行动（接触点）	序号	重要度 A B C	接触目标	行动要点	特别设计 如何打(感)动对方	接触评估标准 最佳（倡导）	最差（反对）	结果目 接触目标达成	与客户反馈评估 客户反馈	评估得分	调整与改进 存在的问题 / 改进策略办法	备注
1	送别		√		让客户感受到成交后还有服务	一定要送到位，服务心态一点；	帮助客户拿东西，直到车站、过程中继续和客户聊天，离别时大声打招呼	把客户送到车站或路口，过程中保持开心聊天	买完单就不管了，人走茶凉的世故	100%		9	
事后	2 回访		√		了解客户的现状；让客户感受到持续的服务；形成美好购物体验	可以适当正式一点； 衔接前期的要求； 帮助客户确信心（好的变化）	阿姨，我是您的专属服务顾问……今天给您打电话是想帮您做个回访，大概需要5分钟左右，您现在方便，约吗？上次您说……，您现在使用了吗？现在的用药情况……，有哪些进展或变化？太好了！还有其他的需求吗？为下次（预期20号后左右），再联系您哈！祝你身体健康！	真心地关心对方的状态，做工程化的服务，对客户设有感觉	程序化的过程，对客户没有感觉	90%		8.5	
	3 二次跟进		√		了解客户的现状；强化客户的好的服务体验	自然，放松；继续帮助客户认信心（好的变化）	阿姨，我今天就是关心下您现在的情况……，有哪些进展和变化？太好了！还有其他我可以帮您的地方？约下次（预期10天后左右），再联系您哈！祝你身体健康！	自然、放松，真心地关心对客户的变化	不关心客户的变化，只跟着有没有机会卖产品	90%		9	

工具使用说明：本工具主要适用于经常性场景的接触精进
1、首先要选定特定的场景及主要场景目标；
2、根据事前、事中和事后的阶段，区分接触场景下各阶段的接触动作；
3、设定各阶段接触行动的重要性设定，并设定操作要点（关键点）；
4、特别设计：用心打（感）动客户的特别设计的接触行动要点（倡导什么？禁忌），主要用来做客户的感受；
5、设定每项行动及特别设计的最佳标准（倡导什么，禁忌）和最差标准（反对什么、百分化），为目标提供参照依据；
6、结果与客户反馈评估：对接触结果及反馈过程进行评估，客户反馈（百分化）、客户的反馈，目标是否达成，并进行整体打分（满分10分，单个接触动作进行打分）；
7、调整与改进：针对接触过程出现的问题，设定改进计划。

绝对成交
批量复制销售冠军

用好销售逻辑的关键

销售逻辑是在充分考虑客户接受的前提下，关于如何有效开展销售推进的方法论。它的基本假设遵循人际互动过程中的基本原则，即在与客户建立关联前，先要消除距离感，在此过程中建立起基本的信任。

只有有了足够的信任，才有后续的销售递进，我们称之为销售的上半场，也是人际合作的前奏。有了这个基础后，才建议逐步进入后续的阶段，步步为营。这样后续销售动作的价值才可以得到更有效的体现，销售进程也会因此加速，以更好地促进双方的合作。

很多销售人员的销售战线通常很长的主要原因正在于此：总是在信任不足够的情况下急于进入销售成交，导致客户出现强烈的抵触和防备，使得销售的进程难以得到推进甚至倒退，然后花大量的时间解决由此引发的一系列问题。

管理上有一个很重要的质量理念，叫"一次就做好"。说的其实是一样的道理，在销售工作中也同样适用。很多销售高手也因为这一共同特征，使之相较于一般销售人员更值得信赖，从而强化了客户选择与之合作的信心，并愿意加速推动合作的进程。

从某种意义上来讲，让客户接受的上半场可能比开展业务合作的下半场更重要，虽然实际操作过程中两部分往往是相互交叉的，我们从逻辑上进行区分是为了简化理解，以强化销售人员向高手学习的信心。

意识到了，就一定可以做到！曾有学员用了短短3个月时间，就实现了从业务菜鸟到销售冠军的华丽转型。这个员工非常了不起，在与客户接触时总是有意识地训练自己回归销售逻辑，并在过程中勇敢分享自己的心得与感悟，无论成败。刚开始看上去确实有些生硬，甚至让人感觉有点不懂变通。在销售逻辑的指引下，大家发现原来销售并没有想象中多么复杂，先前的困难只是一直用错了方法。这也刺激了很多其他的员工，原来我也可以做销售的！

这种信心的强化与强大在销售中是极其难得的。

当然，营销工业化的方法论其实并不推崇速成，反而是建议前期有意识地放慢节奏，先慢慢训练自己的意识，建立正确的理念。在找到感觉后，突然就会发现自己对销售的理解跟先前不一样了，功力倍增，此时，业绩自然而来。所以我们的项目客户在一个月左右的时候，通常就会有一个集体性的团队突破，无论是团队状态，做客户时采用的方法，还是做客户的感觉，都能明显感受到与过往的不同。绝大部分的企业会在2~3个月的时间内，实现不同程度的业绩倍增。有一个做互联网的客户案例则相对极端了些，虽然他们认为互联网经济的红利期已过，仍能连续8个月实现业绩翻番，相信他们一定做对了什么。

在利用销售逻辑开展销售工作时，首先要判断当前所处的阶段。与客户接触时，无论处于什么样的阶段，都需要通过客户的反应，做足开场和破防工作，这是进入后续实质销售阶段的重要基础和前提。开场和破防工作越是充分，越是有利于销售下半场的推进。

销售同时是一个将自己想要，逐步转化为客户想要的过程。因此在销售接触的过程中，一定要放弃搞定客户的心态，而应以帮助客户之心助力其目标的实现。所以，在整个销售沟通的过程中，尤其是探寻和激发需求阶段，要学会多提问，少发表观点。了解、收集与客户需求相关的信息比表达、证明自己更重要！也因此，销售领域有个通俗的说法：谁说得多，谁就把产品带回家。

最后，一定要用验证取代想象。销售接触时要有意识地放下自己内

绝对成交
批量复制销售冠军

心已有的标准,这是限制很多销售人员进步的核心原因。很多销售人员在与客户沟通时,常常有先入为主的经验判断,并习惯性地将其当成了结论和事实而自我设限。这样的结果就是他们永远只能做自己会做的客户,而无法适应变化和多样性的客户。事实上,销售人员确实需要在销售沟通的过程中,有意识地收集客户的信息和反应,然后形成自己的初步判断。但并不能止步于此,而应在此基础上采取进一步的跟进动作,去直接或间接地验证前期形成的所谓判断,以确保自己收集到的信息是相对客观、完整的,从而得出相对全面和正确的结论。因此,不要用想象替代事实,也不要用经验替代验证!很多销售失败不是因为没有机会,而是因为销售人员认知上存在盲区,因主观、狭隘和经验主义而做出了错误的举动。

销售逻辑可以帮助我们放下内在的框框,回归客户跟进的真实状态,帮助销售人员进入遇强则强、遇弱更强的绝对成交状态。

7

营销工业化——绝对成交心态训练

7.1 心态决定成败

7.2 心态打造：从此告别玻璃心

7.3 轻松迎接销售挑战

7.1 心态决定成败

一个神奇的成功公式

为了说明什么因素对于一个人的成功起到最重要的作用,有人在调查的基础上,把大家认为最重要的成功因素进行了总结和罗列,然后把这个大家认为最关键因素对应的词汇进行拆解,并根据字母A～Z按1～26做数字对应,进行汇总求和,再除以100,以衡量该因素的重要度。

结果出现了一个很神奇的现象:

Luck（好运）=L+U+C+K=12+21+3+11 = 47%

Love（爱情）=L+O+V+E=12+15+22+5=54%

Money（金钱）=M+O+N+E+Y = 13+15+14+5+25 = 72%

Leadership（领导力）=L+E+A+D+E+R+S+H+I+P=12+5+1+4+5+18+19+9+16 = 89%

Hard work（努力工作）=H+A+R+D+W+O+R+K=8+1+18+4+23+15+18+11 = 98%

Knowledge（知识）=K+N+O+W+L+E+D+G+E=11+14+15+23+12+5+4+7+5 = 96%

绝对成交
批量复制销售冠军

ATTITUDE（心态）= A+T+T+I+T+U+D+E = 1+20+20+9+20+21+4+5 = 100%！

真的很神奇！

ATTITUDE的基本意思是指人的态度、看法、我行我素的做派等，心理学上它是指个体对特定对象（人、观念、情感或者事件等）所持有的稳定的心理倾向。结合销售工作，心态就是我们销售人员在销售过程中面对各种问题，尤其是面对客户的各种反应时，所表现出来的内心状态和外在行为反应。

销售通常是从不被信任或信任度很低开始的。如果不能快速赢得信任，销售成功的机会通常会非常低。而赢得信任的一个重要的因素，就在于心态是否强大，包括无畏。回顾自己最初的销售生涯，深刻地感受到强大的内心对于销售成功的重要性。

记得最开始从事工程类的项目销售时，与我同年一起毕业的还有另外一个销售人员，人很认真，每次我们一起出去，我发现他和我在客户端讲的内容其实都差不多，他讲的产品和技术细节，我基本上也能讲，我们的风格也很像。论勤奋，我不输于他；论产品学习能力，我也不差。然而一年下来，我们的业绩相差巨大，他的业绩是我的好多倍，而我则因为业绩不佳徘徊在降级的边缘。起初特别不能理解，为什么会这样？后来，有幸遇到了我们的业务经理，一个只有26岁的女生，她来公司不到一年就成为公司新的销售冠军，并且创下了新的销售纪录。跟她一起拜访过几次客户，我发现她每次和客户见面总是能聊得很嗨，而且超级自然，常常能快速达成沟通目的。这再次给了我很大的触动，难道我的性格不行？细细回想，我发现我们之间其实有一个更大的差别被我忽略了：见客户时，无论遇到什么级别的客户，这两个人总是比我放松，虽然他们的风格迥异，而我在低级别客户前常常表现得很自信，而面对高级别客户时则经常会莫名其妙的特别紧张，有时甚至害怕。

原来，心态的强大才是他们成功的关键！

这也是销售高手与一般选手最大的不同，对销售的成败起着相当大的一部分作用！

心态训练到底要做什么

销售心态训练就是要通过有效的意识和行为训练，帮助销售人员建立起强大的内心，树立正确的心态，从而使其能在销售接触过程中根据客户的特点、行为及当时的时机需要，做出恰当、适度的有效反应，为销售工作的推进和销售目的的顺利实现保驾护航。主要包括：得失心态、四人心态、成功者心态和学习者心态。

得失心态：帮助销售人员建立不论对错、只讲得失的心态与信念，形成始终能从任何一件事中获益更多的思考模式和习惯，从而使销售人员能在面对各种特点的客户时，能不受客户反应的不必要影响与干扰，做到回应、收放有度，以平和而从容的心态有节奏地持续推动销售的进程。

四人心态：帮助销售人员正确定义好自己的角色，在面对各种客户情形时，发自内心地喜欢客户，始终以帮助客户之心、合作之心面对客户。

成功者心态：帮助销售人员建立成功富足的心态，从而能够淡定从容地面对客户的强大，消除不必要的心理慌张，能够根据销售进程的需要从容控制整个销售的节奏而不必急于求成。

学习者心态：让销售人员建立起时刻向销售过程中的人与事学习的习惯，保持与客户的合作共赢关系，用建设性与合作的心态对待客户的各种差异与不同，具备时刻收集信息，向现实和当下学习的意识与能力，从而实现遇强则强、遇弱更强的销售新境界。

7.2 心态打造：从此告别玻璃心

得失心态

◎ 关键不是对与错，关键在于对的时候，你从中获得什么？错的时候，你从中失去什么？

◎ 没有得到与失去，就无所谓对错！

遇到任何事情，永远围绕目标讲得失，不论对错，这就是得失心态！放下了对错，就放下了画地为牢的自我框定，就可以帮助我们看到更多的真相。

训练得失心态的方式有两种：

其一，在客户端与客户接触时，无论客户说什么、发表什么观点或言论，都有意识地从这个言论里面，找出对自己的启发和帮助，同时思考对于个人的影响是什么，客观地把它们写下来，坚持即会发现：原来客户讲的很多内容其实可以帮助你找到更多的答案。

其二，在企业内部开展客户分析时，刻意地去肯定任何人的观点，从对方的观点里面找出亮点和合理的部分。

具体训练话术如下：

◎ 我觉得你对……问题的看法，讲得很有道理！

◎ 你讲的……，这几点对我很有启发！

◎ 关于你所讲的……，我的启发是……

这种训练的目的就是告诉自己：我们可以从任何事情中获得，哪怕事情跟我们原来的想象或思考有很大的不同，从而不断打破自己的认知边界，让自己获得冷静、客观看待事物的习惯和能力。

四人心态

（1）大人心态

◎ 让客户高兴的心态，就是大人心态！

◎ 在大人的眼里，没有不好的孩子！

◎ 在我的眼里，没有不好的客户！

◎ 让客户快乐，客户就会让我快乐！

◎ 无论客户说什么，我都喜欢！

像大人一样喜欢孩子，夸赞孩子，夸赞是拉近距离最简单有效的方式！

时刻欣赏、赞美对方，夸赞客户的一切，直到客户反过来喜欢你。好孩子都是夸出来的，好客户也是！

（2）男人心态

◎ 像男人追求女人一样，喜欢客户！

◎ 让自己追求的女人喜欢，就是男人心态！

◎ 情人眼里出西施！客户就是我眼中的西施！

◎ 我有多喜欢客户，客户就有多喜欢我！

◎ 无论客户说什么，我只说：我喜欢！

男人心态就是永远要无条件喜欢客户！让客户感觉自己始终处于一个被喜欢的位置。

无论客户的反应是什么，我们的反应都是：我喜欢！像男人追求女人一样，无论对方做什么，就是喜欢！

绝对成交
批量复制销售冠军

与客户交流时，让对方感觉到你很喜欢Ta，这是最好的感觉！客户最好的回应方式就是合作、签单！

（3）强者心态

◎ 面对客户拒绝、抱怨或打击时，用强者心态！

◎ 强者从不主动发起攻击，强者永远用微笑拥抱攻击！

◎ 弱者保护自己，就如同恋爱中的女孩，百般挑剔是为了考验你！

◎ 只有强者才能服务强者，只有钻石才能切割钻石！

◎ 无论客户怎么批评，我都只说一句话：您是对的！我高兴！我喜欢！

强者永远敢于面对打击与挑战，强者永远不会跟别人一般见识，强者永远帮助别人，宽容别人。面对客户质疑、反对与攻击时，要学会宽容对方！

当别人打击你的时候，你一定要感谢，一定要说认同；无论客户说什么，都必须说Yes，学会认同和理解客户。如果不知道下一句说什么，就说感谢，把认同和感谢变成口头禅，让对方在宽容和包容中感觉自己的渺小。

（4）商人心态

◎ 像喜欢金钱一样喜欢客户！

◎ 喜欢就要合作，高兴就要合作，遇到打击更要合作。

◎ 合作就是商人心态！

◎ 像喜欢金钱一样，喜欢客户！

◎ 喜欢就要成交，成交就是商人心态！

商人讲得失，不论对错！面对客户质疑、犹豫时，永远说客户想说的话！高兴是一种心情，高兴是一种成交的前言！

所有的问题都应该让客户说yes！只有yes，才会让客户签单！相信自己（公司、产品、服务）的价值，只有相信自己有价值，才可以与任何人交换！

商人心态的核心在于合作！

成功者心态

◎ 成功所有的答案在于自己的身上,已然具备!

◎ 你想要的已经拥有,你会怎么行动?

◎ 心态:富足、平和!大度、宽容!

◎ 行动:目标清晰,有条不紊!

◎ 成功者,像已经成功了一样去行动!

我们已拥有自己想要的一切,我们会如何行动和表现?

像未来的自己那样行动!现在就做自己该做的事,现在就尝试让自己首先从精神上进入富足和淡定的状态!

从此不再匆忙,不再急功近利,不必急于求成!

慢慢地享受此刻的拥有,像成功了一样行动,于是就会真正拥有!

这就是成功者心态!

学习者心态

人在生活中经常会在不经意间扮演两种角色:学习者或者评判者。前者表现为外向型的行为和心态特征,后者则更多表现为自我中心。这两种角色通常伴随着相应的心态和行为反应,从而让销售人员在面对客户时有迥异的表现,进而影响到销售业绩。

学习者心态通常是指销售人员在面对各种情形时,内心的成长与合作导向型的思考模式和行为习惯。主要体现在:

面对新事物与未知

◎ 心态和思想开放,对人和事采取随时接受的态度

◎ 探索性的去发现事实,并充满好奇心

◎ 灵活、多变,能接受不确定,承认并接纳自己有所不知

绝对成交
批量复制销售冠军

◎ 有足够多的假设，而不是固守已知结论或标准

对人的态度

◎ 有辨别能力，愿意接受他人，感恩欣赏、谦逊

◎ 谈话的重点：合作，追求双赢关系

◎ 与自己、与他人连接在一起

◎ 回应式反馈，并倾听关于他人或观点的事实与价值

面对冲突与差异

◎ 观点多元化，接受自己、他人、事实

◎ 珍惜不同，建设性的冲突，看各种可能性

◎ 兼顾式思维，而不是非此即彼

面对问题

◎ 以问题为前提，围绕问题思考与行动

◎ 以愿意承担责任为出发点

◎ 视错误为学习的机会，能根据过往调整自己

◎ 聚焦责任，主动负责，以愿意承担责任为出发点

◎ 以问题为前提，看到无限的可能性，而非固守立场

◎ 认为错误是学习的机会，力图欣赏、解决问题、有所创新

◎ 多角度考虑问题，积极寻找解决方案，并认为资源富足

如何训练自己的学习者心态？

学习者心态的ABCD选择训练法可以帮助销售人员建立起有效的学习者心态，扮演好学习者角色。其中：

A：指觉察与反思；

B：以妥协和后退的姿态重新看待事物；

C：用好奇心去探索各种可能，让自己走向客观全面而脱离主观片面；

D：指在看到各种可能性后，做出最有利或最可能取得成功的行动，即用行动去验证所探索或收集到的相关可能性，而不停留于臆想或猜测。这一点是优秀销售人员必备的习惯。

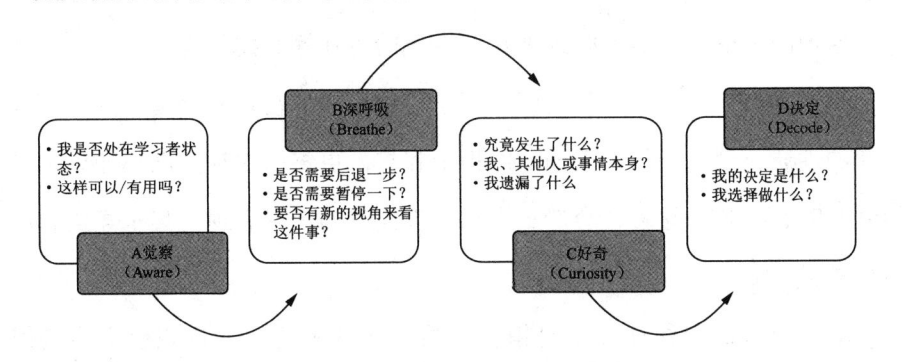

```
• 我是否处在学习者状态？       B深呼吸(Breathe)           究竟发生了什么？        D决定(Decode)
• 这样可以/有用吗？            • 是否需要后退一步？        • 我、其他人或事情本身？   • 我的决定是什么？
                              • 是否需要暂停一下？        • 我遗漏了什么           • 我选择做什么？
     A觉察                    • 要否有新的视角来看
    (Aware)                     这件事                    C好奇
                                                       (Curiosity)
```

销售人员可以在遇到任何人或事时，通过有意识的自我选择训练，把自己的关注点放在了解事情的真相上而非其他方面，从而帮助自己回归学习者角色！

这样的心态一方面有利于个人的快速成长，在遇到认知边界时不为所限，持续进步；另一方面在与客户或潜在客户接触的过程中，有效捕捉客户释放的各种信息，迅速发现需求并抓住机会，从而提升自身的销售能力。

7.3　轻松迎接销售挑战

为何我们会止步不前

很多销售人员，包括一些有销售经验的销售人员，经常在面对客户拒绝或打击时，会慢慢地变得不那么自信，累积出一种越来越强烈的挫败感，有时甚至害怕去面对客户，从而变得不再像最初那样勇往直前，不自觉地远离某些"难缠"的客户，甚至还会因此对自身产生怀疑，觉得自己无可救药，"这也不行，那也不行"，从而在工作中放弃努力。

这种因为重复性的失败或惩罚而造成的听任摆布的行为和现象，心理学上称之为习得性无助，是美国心理学家塞利格曼在1967年提出的。因为工作的性质，销售人员每天面对的拒绝和打击更多，这种无助感如果不能得到及时、有效的化解，会严重影响销售人员的市场表现，甚至导致心理倦怠和职业瓶颈。

事实上，此时往往并不是销售人员"真的不行"，自我设限和错误地把失败的原因归结为自身不可改变的因素，才是无助的根本原因。作为销售管理者，对此应引起高度的重视，并帮助销售人员远离绝望，学会理性、客观地为成功和失败找到正确的归因。

如何解决这个问题呢？

正确看待拒绝和打击

心病还需心药治。

从销售接触的人际互动本质看，销售接触过程中客户的任何反应都是正常的，包括客户对销售人员的拒绝与打击，都只不过是其针对受到的刺激所采取的正常反应而已！

那为什么大部分销售人员会有挫败感呢？

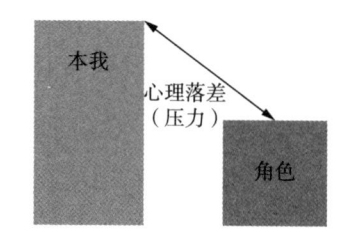

心理学上有一个本我与角色理论。大体是讲每个人其实原本都是一个完美的满分选手，这就是本我。然而，在社会成长的过程中，我们常常会根据他人的需要，自觉或不自觉地扮演各种角色。整个社会则会根据外在的人和事，也就是我们扮演的角色来评价个人，形成所谓的角色表现，这样在本我与角色之间就会产生落差。

很多人会习惯性地把角色表现等同于本我，从而形成心理上的落差，产生某种心理压力，于是会觉得自己不完美、不完善，使人产生不自信、自卑等一系列的后果，进而影响个人对自我的正确判断，即我们会被外在评价影响而开始否定自己，最后形成习惯和结论：我就是不行！

销售人员的习得性无助，就是这样产生的。

如何摆脱习得性无助

怎么才能从这样的困境中走出来呢？

为了帮助销售人员摆脱这种因外来冲击造成的影响，在营销工业化项目导入过程中，我们找到了一种有效帮助销售人员将本我和角色进行区分的简单办法。

我们首先让销售人员把自己想象成一只寄居蟹，内心强大而完美。销售人员只是我们扮演的一个角色而已，就是寄居蟹的壳。所以，每一次当我们被客户拒绝、打击甚至恶意诋毁和攻击时，受打击、被拒绝的其实不是我们，而是我们暂时寄居的壳而已！我们分毫无损！

通过这个形象的比喻，很多销售人员就再也不那么在乎客户的反应而做出不必要的过度反应。他们开始懂得如何客观地看待客户的反应，尤其是被拒绝或进展不利时，不再感到挫败，而是感受到了与各种各样的客户互动的乐趣，并且不再受限于曾经成功的经验。因为他们已经懂得了珍视自己的独特价值，同时具备了冷静观察事实的新习惯。很多销售人员在接触到这个方法后惊呼：销售居然还可以这样做！

我依然是满分选手！

打击的只是躯壳！

练就金钟罩和铁布衫

为了进一步根治销售人员面对挑战时的无力感，在营销咨询项目伊始，我们常常会给学员提一个小小的建议，就是不要给任何人贴标签。首先是不给自己贴标签，再一个就是不给别人贴标签。

为什么要这么建议？

因为标签的背后其实代表着某种自我设限，表示思维被锚定。它很容易让人封闭起来，把我们的眼光遮住，让我们无法有效地接收到客户传递给我们的信息，从而听不到客户真实的声音和需要，看不到事情的真相和事实的全部。

同时，在与客户交流过程中，因为内心不够强大与不自信，会对客户的反应做出过度反应，误判形势甚至给客户造成错觉，影响我们在客户心目中的信任。这些都会给销售工作带来很大的阻碍，所以在日常训练中，我们要求学员在平常就学会有意识地不给自己设限，不给别人设限。

优秀的销售人员懂得正确地定义自己的价值：在我们的内心，我们注定是一棵参天大树，而不是小草！一次沟通的未达目标或是被拒绝，并不代表什么，更不能因此否定自己的价值和信心，我们只是这一次的角色没有扮演好而已！

这是一个优秀的销售人员必须建立起来的关于自我的认知。

重新定义自己：我是一个有天赋的人

为了帮助销售人员避免因客户反应等外在因素作用而影响个人的正常发挥，建立起正确而强大的自我认知，我们还有一个自我暗示训练：重新定义自己——我是一个有天赋的人。

◎ 我是一个有天赋的人。

◎ 我很独特！

◎ 我的存在一定可以为周边的人和事带来改变与不同！

◎ 我要善用这一点！

◎ 如果我适当调整自己，我就可以在自己的岗位上、生活中扮演更为成功的角色！

◎ 我对此：坚信不疑！

◎ 我是一个有天赋的人！

绝对成交
批量复制销售冠军

　　每天早上起床前、晚上睡觉前有意识地默念3遍，并在面对客户时自我暗示。坚持21天就会发现，不经意间你已遇到了一个越来越淡定、自信的自己。

　　当然，21天通常只会形成一个初步的习惯，90天才能真正固化下来。所以，如果这样的暗示训练能坚持90天，暗示的内容就会变成个人的自我信念，而得以固化，受益终生！

　　从此，不再轻易被影响，变得"刀枪不入"！

8
营销工业化——绝对成交基础技能

8.1 识别与破除防备

8.2 快速赢得信任

8.3 把握成功销售的6大核心要素

8.4 客户跟进的基本逻辑

8
营销工业化——绝对成交基础技能

8.1 识别与破除防备

销售成交，尤其是首次合作，通常是发生在陌生人之间。由于彼此的不了解或不信任，导致双方的前期接触常常伴随着某种不确定性。在此情形下，客户最常见的反应就是防范和自我保护，以保障自身的"安全"。

所以，在客户接触的过程中，为降低失败的风险，销售人员首先要学会正确地识别和解读客户的反应。

防备到底是什么

防备心理是在销售接触过程中，尤其是销售初期，当销售人员与客户还没有建立起足够的信任关系时，客户在面对销售人员接触时最常见的反应，属于一种很正常的现象。

防备其实是客户带有个人感情色彩的不同意、抵制、反对推动或持相反态度的本能反应，并不一定是设定好的程序，通常与特定场景下受到的刺激有关。大部情况下，防备行为只是下意识的自我防卫，而不是有意识的反应，会导致双方关系的不协调，甚至冲突，降低销售成功的可能性。

客户典型的防备心理表现有：电话约谈时，不肯接听电话，或是接了电话也不热情，不情不愿，甚至语气很不友好，抗拒见面；初次或几次

绝对成交
批量复制销售冠军

见面后不热情,也不给倒水,甚至脸上还表露出不悦,一副爱答不理的样子;沟通过程中,对销售人员及公司的产品等提出很多的质疑,语气和言辞激烈,表现出明显的不信任,等等。这些都表明客户存在着较为严重的防备心理!

当然,还有一类客户看上去人特别友善,无论什么时候见到,他们都很热情,永远满面笑容。而且,无论你说什么、做什么,他们似乎都会比其他人更配合你,哪怕你们只是第一次见面。这常常会让很多销售人员产生错觉:相见恨晚,感觉简直就是见到了亲人!只是在关键问题上,他们从来不让你知道自己到底是怎么想的,对于相关的问题他们是怎么看的。总之,无论销售人员说什么,都挺好的!

这类"好接触"不好接近的情形,其实也是非常典型的防备状态。只是这类客户的防备采用的是更温柔、温情的方式而已,很多销售人员都会错误地判断形势,应该引起格外的注意。

为有效消除客户的防备,建立客户信任,销售人员首先需要识别客户的防备行为,并能找到背后的原因。

防备的5种常见表现形式

(1)反驳与质疑

◎ 对你所说的每件事都要进行反驳。

◎ 在你表达时摇头、冷嘲热讽,发出奇怪的声音等。

◎ 各种方式表达不认同,比如抱手、扭头、无视等。

(2)不必要的澄清

◎ 对你所说的发表个人评论。

◎ 刻意表明自己的立场,与你区分开或表达不一致的观点。

(3) 高人一等的做派

◎ 我比你强！

◎ 我比你资历深！

◎ 我比你懂/专业！

◎ 我的地位比你高！

◎ 我是甲方，我说了算！

◎ 你得听我的！

(4) 可怕的"我知道"

◎ 自我保护意识强大，时时提防。

◎ 打断你的讲话，告诉你：不要讲了，我知道了！

◎ 我知道，我听说过……

◎ 不要讲了，我很清楚/这个我很熟悉。

(5) 沉默与回避

◎ 沉默不语。

◎ 冷漠不语，或不予回应。

◎ 转身离开或直接忽略你。

防备反应的内在原因

客户防备心理的个性原因通常有几类：

◎ **性格使然**：就是质疑型的性格，性格相对比较冷漠，对人较严苛、不友好，对谁都差不多，很少有能温暖他们的人。

◎ **心情问题**：每个月总有那么几天心情不太好，或者刚刚遭遇了不愉快的事情，通常下次或换个时机可能就会好很多。

◎ **目标导向**：客户为了实现特定的目标，有意为之。有可能只是测试

绝对成交
批量复制销售冠军

一下销售人员的反应；有可能只是受了太多类似的骚扰，想要排除干扰。

◎ 应激反应：客户被当时的情境或销售人员的言行所刺激做出的习惯性反应，比如可能感觉销售人员说话冒犯到了自己。

事实上，回归到人的精神追求层面，防备的核心原因无非有三：

◎ 寻求重要感：人们需要感受到自我价值的存在，刷存在感。

◎ 建立安全感：人天生缺乏安全感，对抗不确定性。

◎ 追求实现自我：人们总希望活成（表现成）自己想要的样子。

销售人员要根据客户的反应进行验证，同时针对性的调整自己的行为和接触过程。

如何成功破除客户的防备

（1）破防的基础

请记住：无论客户有什么样的反应，都不要做出过度反应。

破除客户防备首先要做到的最基本的一点，就是视客户尤其是新客户的任何行为或举动为正常！

观察对方的反应，找出可能的原因，然后调整自己的行动，去验证和排除最可能的原因。如果对方的反应有改观，则说明找到了原因。如果实在不能确定，那就勇敢一些，自信一点，直接笑嘻嘻地对客户说：我不知道是不是哪个地方做得不到位/不够，感觉您好像不是特别信任我/有些提防我，希望您能帮助我，这样我好及时调整。

然后，继续观察对方的反应。

这时你会发现，通常情况下对方的防备情绪会有所缓和。这也是销售沟通过程中一个很重要的技巧：在遇到问题或挑战时，永远要说客户想说的话，要敢于"亮出刺刀"或捅破窗户纸。

正所谓不打不相识！

销售人员这样的勇敢举动通常会加速客户防备心理的瓦解，从而赢得继续沟通的机会。如果对方此时仍不能缓和，甚至反应更加激烈。那么，换个方式或再找一个时机或许是更好的选择。

为了减少客户的防备或降低客户的戒备心理，还可以通过快速接近距离、建立和谐关系的方式实现破防，即与客户建立关联前，先要消除距离感。

（2）快速拉近距离

快速拉近双方距离的方式有很多，主要有四类：套近乎、寻找共同点、认同和赞美。

①套近乎。

我们对待熟人和陌生人的差别在于哪里？

面对熟人时，我们通常是放松、热情洋溢、面带笑容的。所以，接触客户无论是打电话，还是首次见面，都要表现得像见到了熟悉的老朋友一样，那么亲切、自然和放松。

我曾经遇到一个非常优秀的销售人员，她在给新客户打陌生电话时，通常会说：某某总，你好！我是前几天给你打电话的谁谁谁，我们是帮助……的。

然后她会停下来，等对方的反应。

当她用这种不是第一次打电话的感觉给对方打电话的时候，对方往往会忽略她的实际情况，甚至很多人根本都不记得，到底有没有接过一个类似的电话。因此，对方通常会一愣，然后习惯性略显不好意思地回应：哦哦……，你有什么事情吗？

绝对成交
批量复制销售冠军

她就是经常用这个方式获得与陌生客户的首次见面！

当然，这种开场的方式存在某种欺骗的嫌疑，但是有一点是值得肯定和学习的，那就是优秀的销售人员懂得有意识地从自己的内心里面，首先拉近和对方之间的心理距离。也就是说，很多时候陌生感是源于我们自己见外，由于我们不愿意与对方亲近，或者我们不敢去亲近对方，导致客户拒我们于千里之外，这才是关键。

所以，要想快速拉近距离，首先是销售人员自己不能见外！在见到客户，尤其是新客户时，要从自己的内心里面把对方当成一个熟悉很久的朋友，用对待好朋友的方式去对待他，接近他，而不必表现出见外和陌生感。

套近乎是重要的接近双方心理距离的方式。

典型的做法就是配合对方正在做的事情，预见对方可能的需要，适时予以配合，以满足对方当下的心理诉求，从而拉近距离。如对方正在夸夸其谈，那么最好的方式就是以笑容和关心支持对方，做个忠实的粉丝，做一个"受益匪浅"的听众；如果客户正在讲自己的得意之事，请给对方一个崇拜的眼神；当对方准备吸烟时，及时递上火机；如果对方正在遭遇麻烦，请做出一个支持的姿态；等等。

当然，套近乎的方式还有很多。重要的是要用心观察，做到大方、自然而不露痕迹，让双方舒服。无论是在线沟通还是现场沟通，要主动和客户拉近距离，过程中多称呼对方的名字（级别高者要加上对方的职位或对方喜欢的称呼）。

如果是在线沟通，打招呼时则要简短、热情。因为网络虚拟世界，人们往往更倾向于放松（放纵）自己，要善用和激发这一点。千万不要像现实生活中那样一本正经，循规蹈矩，这样会破坏双方好不容易建立起来的亲近关系，从而拉远距离。此外，在线沟通的过程中，一定要少说多问，等待对方输入完毕，并记得时刻认同和赞美对方。同时，建议要多用聊天表情，最好夸张一些，情感色彩浓烈一些。这样可以让对方有更多的想象空间，通过放大沟通过程中的情绪，弥补因信息传递媒介单一的限制带来的影响，更利于实现对客户的情绪感染和影响。

优秀的销售人员懂得主动去亲近对方，并采取行动去做一些尝试性的亲近行为、动作，以试探对方的反应，或刺激对方的反应。当我们从内心亲近对方时，对方就可以快速感受到你的亲和力、你的热情与友善。通常情况下，这种拉近距离的动作会为我们的下一步行动赢得机会。当我们向对方表达友好时，常常会受到善意的回应，从而为后续的销售沟通创造更多的机会。

②寻找共同点。

物以类聚，人以群分。人们通常喜欢和自己相近或相似的人在一起。所以，销售人员如能通过前期的互动，找到双方的共同点，则可以快速接近双方的距离，尤其是心理距离。

销售人员要学会就地取材，借题发挥，围绕客户及与之相关的人事物进行展开，以展现好奇心，更多了解对方。

找共同点，才是拉近距离的关键！

很多话题或素材都可以成为共同点，比如共同的兴趣爱好、类似的人生或职业经历，共同认识的人、彼此都到过的地方、来自同一个地方、双方都熟知的某个行业等，都可以成为双方快速切入的话题，通常都能迅速消除对方对你的戒备，拉近彼此的距离。

此外，资讯发达的当代创造了很多这样的机会和条件，比如通过朋友圈或资讯平台看到了一个与客户相关、或对方可能需要的内容，即可通过分享与之进行互动，也可以很好地拉近双方的距离。

万能话术：

◎ 我有个十多年的忠实客户，他也是个……（相同的爱好、做法等）

◎ 我对这个也特别感兴趣……，你能给我讲讲吗？

◎ 今天我发现了一个特别有意思的信息，我分享给你哈……

◎ 你是这方面的高手/专家/资深人士，这个……你怎么看啊？

◎ 我特别想听听你的意见……

◎ 我也听说过……/去过……/干过……哈哈，看来我们有很多共同之处啊！这就是传说中的缘分吗？

③认同客户。

为什么认同客户如此重要？

认同是获得他人认可最快、最简单的方式之一。人们更愿意和认同自己的人合作！

认同是人内在的一种心理需求，我们需要通过别人的反应来定义自己的价值，这是心理上的基本需求。

所以，认同拉近距离！正是源于此，优秀的销售人员懂得如何有意识地回应他人。我们有多么的认同别人，别人就有多么的认可我们。

认同的核心在于互动。在人际互动的过程中，当我们的行为得到了别人的回应，我们的自信心会得到加强，我们也会获得成就感，会获得被尊重的感受，而这种感觉会进一步强化人的行为。所以，销售人员要学学会在与客户互动的过程中，传递对方想要的行为、对方想要的反应，从而实现一个行动→回应→强化行动的正向反馈循环，不断递进双方的关系。

认同有三种典型的类型。

类型一：形式认同。指在销售接触的过程中，销售人员针对客户的行为、讲话等举动，进行外在的形式上的回应。

形式认同有一些典型的形式。第一种较直接的回应形式，比如在客户讲话时，不时点头、微笑，用语气词进行下意识的回应：

◎ 哦

◎ 啊！

◎ 嗯！

◎ 原来如此！

◎ 厉害！

◎ 了不起！

◎ 太棒了！

◎ 是的！

◎ 对！

◎ 有道理！

◎ 行！

另外，还有一些间接性的回应形式。比如在客户讲话的时候，让客户停一下：你这个讲得太好了，你等一下我把它记下来。然后无论是拿出笔记本，还是拿出手机都可以，重要的一点是让客户觉得他讲的是有道理的，他的话、他的语言得到了尊重。当客户讲到重要的地方时，用肢体语言进行一下回应，调整一下身体姿势，如欠下身，把头抬起来，身子立起来等。

如果是在线的互动和沟通，就可以：

◎ *多用表情，尤其是代表强烈感情色彩的表情，如大笑、大哭、掩面哭泣、偷笑、坏笑、拥抱、安抚等。*

◎ *每句话都只提一个问题。*

绝对成交
批量复制销售冠军

◎ 等对方输入完毕再简短回复。

◎ 无论对方输入的文字多少，都尽量保持简短，针对性回应。

◎ 多用对方的常用词、口头禅。

◎ 多在沟通的过程中加入对方的名字（或职务，看对方的喜好）。

这些都属于形式认同。

所以，形式认同的核心是通过即时反应体现尊重、体现重视。

类型二：情感认同。情感认同是指当处于某种强烈的情绪状态时，对客户的情绪、情感表示理解和接受，并且做出相应的回应。

通常在销售场景，有两种比较典型的情形会涉及情感认同。一种是因为某种原因，比如产品质量、误会或服务不到位等，导致客户强烈不满时，客户可能冲到了你的办公室来理论，甚至大喊大叫，处于情绪特别激动的时刻，通常安抚只会带来客户更多的不满。此时最需要的就是情感认同，如果销售人员也能调动自己的情绪，激动地大声说：是的！如果我是你，我也会像你这样愤怒！然后啪的一声，将自己手上的文件重重的甩到桌上！这时，神奇的事情就会出现，客户会突然变得"安静"下来。

常见的形式认同话术有：

◎ 是的，太不容易了！太难了！……

◎ 我特别理解你的心情！如果是我，我也会这么想/这么做的！

◎ 你是怎么做到的？能跟我再具体说说吗？

情感认同的核心是在情绪上对客户进行即时回应。

类型三：实质认同。当客户的观点、想法与我们所要表达的内容本质上一致时，对其表示完全认可或同意。

实质认同代表着双方对某件事情、某个事物的共同看法，比如说客户对于某个问题的解决设想与我方的优势、解决思考完全一致，这个时候销售人员就可以用：

◎ 我完全同意你的看法！

◎ 这方面/这一点上我们完全一致！

◎ 我特别理解你！

实质认同一定要坚决而且果断，以向对方传递信心！

④赞美客户。

心理学研究表明：人们喜欢自己或和他一样的人，也喜欢自己想成为的人。一旦喜欢，则代表着防范的放下。所以，销售人员要么成为"和客户一样的人"，要么成为客户想要成为的那个人，只有这样才能快速赢得客户的喜欢。

列夫·托尔斯泰说：称赞不但对人的感情，而且对人的理智也起着很大的作用。是的，赞美一方面是肯定和认同对方，会增加对方的信心，更重要的是可以激发对方内心向上向善的力量，调整对方对销售人员的态度，改善双方之间的关系，从而使对方认为销售人员和自己其实是一伙（样）的。因此，从这个意义上讲，我们有多认同对方，对方就有多认可我们！优秀的销售人员必须学会赞美客户，以激发客户内心的力量，从而快速赢得对方的认可。

沟通赞美有四大原则：

原则1：真诚、发自内心。

典型问题：①说不出口，自己麻！②怕对方觉得自己太假！

解药：①别怕麻，花椒吃多了，也就习惯了！②谎话说1000遍，就成了真话！何况是真话！

解析说明：销售人员对客户的赞美一定要发自内心！只有源于真诚的

绝对成交
批量复制销售冠军

互动，才有激发他人的力量！哪怕刚开始不那么自然、不熟练也没关系。

要做到发自内心，首先要放下分别心，尝试着真正去理解和爱咱们的客户，你会发现一切大不同，客户对待我们的态度也会随之向真诚的方向发展。

营销工业化始终强调要发自内心的感动客户，而不是"套路"客户。这一点对于发挥本方法论的价值和威力非常关键！

原则2：要具体化。

典型问题：①对方并没有那么好，甚至缺点好多！②我对对方不太了解哎！

解药：①别傻了！人无完人，但总有一点好嘀！②关注的深度决定赞美的程度！③肯定局部就是肯定整体！④具体化的赞美可以满足对方的期许！

解析说明：

首先请牢记：感知大于事实。客户是什么样的人本不重要，我们对客户的感觉比客户是什么样的人更重要。

客户所表现出来的样子，其实就是他们希望成为的自己。销售人员要做的就是愿意投入精力去了解、理解和欣赏对方，在对方的身上找到优点、亮点，然后通过赞美进行显性化的放大，从具体的点上升到对客户的整体认同。

我们越是能够对客户做深入的、充满耐心的探索，越是能够去欣赏和喜欢客户，客户就越容易被我们所打动和激发。一旦实现了点上的突破，客户就会变得放松起来，这样对方会展示出更加真实、可爱的一面，而这些也会变成双方继续互动的重要基础。

原则3：要到位。

典型问题：①度把握不好，还是怕自己会麻！②怎么叫恰到好处？到位？

解药：①慢慢夸，夸完看看对方的反应！②多个纬度夸！一个不行再换一个！③夸到对方不好意思为止！④标志：对方主动切换话题、眼睛冒光、脸红……

解析说明：

千万不要担心自己是不是夸得太多，没有人不喜欢被夸赞！

所以，夸客户时千万不要草草收场，蜻蜓点水式的礼节性夸赞不如不夸！即使客户表示谦虚，也要继续夸，要持续"追击"，扩大战果，直到取得"全面胜利"。只是所夸的内容最好与客户有关系，与所处的场景切合，让客户觉得"真实"即可，要夸到对方有感觉为止。

夸到对方不好意思就是到位。客户不好意思的典型表现有：脸红、羞涩的微笑，或者转移话题，主动问你有什么事情，这才表明你的赞美是夸到位了。

原则4：要有新（心）意。

典型问题：①我口笨！讲不出新意！②对方的特点不突出，叫我咋夸呢？

解药：①别吓自己：只是换个角度，换个说法而已！②A+1，或A→B，即是创新！③内外反差出来即可！④用自己擅长的形式呈现！

解析说明：不必太过担心！夸人甚至可以理解为只是在找近义词，造句而已。如果别人夸A，我们就夸B，或者夸A+B。最好A和B二者有一些反差，这样会让对方感觉你的与众不同

当然，夸人时最好要"内外兼修"，即从外在升华为内在。精神上的

绝对成交
批量复制销售冠军

同道中人，才最有感觉。

赞美的"14把砍刀"：

①逢物加价，逢人减岁

②由整体赞美到局部赞美

③生人看特征，熟人看变化

④由本人到同行人员

⑤要有及时性

⑥赞美对方你所希望对方做的一切

⑦背后赞美效果更好

⑧赞美对方得意的事情

⑨赞美对方的成绩或爱好等外在事物来赞美

⑩运用第三者来赞美

⑪通过提问获取信息

⑫与别人做比较

⑬提出建议

⑭表示感叹

赞美是拉近双方距离非常有效的方式，作为优秀的销售人员一定要掌握，并做到运用自如。其中，有几个关键点应该把握：

首先，赞美不应该做成了"套路"，而应该成为一种习惯，即赞美他人要贯穿始终，而不是轻描淡写地一笔带过。只有这样，效果才更佳。

其次，为了让被赞美者的感觉更好、更容易接受，赞美后面最好跟一些小问题，这样显得更为自然，同时也可以有效激发对方的好奇心，促使客户更好的放松下来。这对于双方关系的递进和销售促进创造了更有利的条件。

为了更好地帮助销售人员赞美客户，我们结合项目实践，总结出了夸赞男士和女士的相关词语，并进行了简单的归类，以作为销售人员的基础销售工具包。

如何赞美女士（关键词）？

外在纬度：

形象：漂亮/国色天香/秀色可餐/英姿飒爽/明眸皓齿/如花似玉/皮肤好/小巧玲珑/时尚/魅力四射/亭亭玉立/仪态万方。

气质：清新脱俗/典雅/自信/大方/优雅/蕙质兰心/端庄/气度非凡/有女人味/又A又飒/文静/可爱/气场爆棚/风华绝代/天生丽质/有魅力。

内在纬度：

性格与个性：活泼开朗/热心/体贴/孝顺/温柔/善良/乖巧有爱心/纯洁/善解人意/独立/自强/聪明伶俐/完美/有品位/聪慧/女中豪杰/外柔内刚/通情达理。

能力与成就：巾帼不让须眉/女强人/心灵手巧/贤妻良母。

见识与修为：懂生活/会过日子/有智慧/有远见/视野宽广/相夫教子/秀外慧中/胸怀宽广。

如何赞美男士（关键词）？

外在纬度：

形象与气质：稳重/有型/有男子汉气概/Man/一表人才/有气场/气场强大/有风度/亲和力/时尚/魅力四射/风度翩翩/优雅。

内在纬度：

责任与担当：有担当/有责任心/讲义气/有情有义/讲信用/讲规矩/顾家/有勇气/靠谱。

性格与个性：内敛/不拘小节/幽默/热情开朗/豪爽大气/温和/有耐性。

能力与成就：有实力/有钱/有安全感/位高权重/实力派。

绝对成交
批量复制销售冠军

事业心与工作态度：有上进心/有正事/有梦想/踏实肯干/细致。

见识与修为：明智/睿智/智慧/有人格魅力/见多识广/绅士风度/谦逊/坚韧/智勇双全/足智多谋/有大局/有高度/高屋建瓴/高瞻远瞩/大智若愚/处事周全/有格局/有勇有谋/胸怀宽广。

（5）建立和谐关系

①贴近对方的行为。

一是迎合对方的肢体语言：

◎ 改变了肢体语言，就在一定程度上改变了对方的情绪。

◎ 肢体语言拉近，心理距离走近！

二是模仿对方的姿势：

◎ 两种模仿方式：模仿+照镜子。

◎ 慢慢而自然的细微改变，逐步增加变化程度，切忌一模一样。

◎ 和对方做一样的事情，只是幅度较小。

◎ 不要马上做出动作，要延迟20～30秒。

注意：不要引起对方的警觉！

三是模仿对方的面部表情：

◎ 面部表情是内心感受的一面镜子。

◎ 如果对方看到了你脸上出现了相对应的表情，就会认为你和他有一样的感受！就会产生亲密感！

◎ 模仿对方特定的表情，而不是自然的表情！

◎ 以同样的速度和节奏模仿对方的表情。

四是模仿对方的声音：

语速语调

◎ 调整你的语调，使之与谈话对方一致。

◎ 太慢会让人厌倦，太快会让人跟不上。

◎ 模仿对方声音的某些特质，而非全部（音调、饱满度、悦耳的语调）。

◎ 建立友好关系，就是一个模仿他人语速的过程。

力量和音量

◎ 与对方的音量接近。

◎ 如果对方的音量太低，可以通过提高音量的方式让对方感知自己的音量低。

习惯用语

◎ 改变你的表达，与对方接近。

◎ 行话与口头禅：如果对方用的专业术语比你少，你就要控制，反之则要跟上。

◎ 每个人都有自己迷恋的语言（口头禅），观察和使用对方的口头禅！

②配合对方的精神状态。

身体节奏是精神状态的基础，也是情绪的源泉。

销售人员如果能够让自己的精神状态和对方保持一致，则更有利于了解对方的情绪，拉近彼此之间的距离。

实现这一目标的基本方法就是通过调整自己的呼吸，使之与对方逐步保持同步，即可实现双方基本一致的身体节奏，从而提升双方的情绪感知能力，快速实现情绪上的同频。

◎ 观察对方的呼吸节奏。

◎ 与对方同步一般节奏（主要是肢体方面的节奏）。

◎ 完全跟随对方的呼吸节奏。

通过与客户保持同样的速度和强度进行呼吸，可以让你保持与对方一致的身体节奏。此外，观察和模仿对方的呼吸节奏，可以更好地理解对方的情绪，知晓对方的情感状态

练习方法：

◎ 拥抱练习：感受对方的呼吸节奏。

◎ 注意对方具有节奏性的动作。

◎ 收集别人的口头禅。

8.2 快速赢得信任

信任是什么

很多时候我们会说合作的前提是信任。那信任到底是什么？

信任其实是依赖于个人、公司、产品或服务，实现某种结果的能力。它代表个人、组织对某人或某物的可靠性、真实性、能力或力量抱有强烈而有信心的期待和相信。

信任可以让人放松"警惕"，这种相信会让人变得懒惰，形成依赖，甚至变成习惯而无需过多思考。这种关系也具有一定的脆弱性，一旦被破坏，则难以修复。

信任的构成要素

人与人之间的信任，通常由需求、期待和承诺三个部分构成。

（1）需求

需求是指驱动人们进入某种互动或关系的需要。

满足客户的需求有利于建立客户对于销售人员的信任。需要说明的是，满足客户需求并不意味着满足客户的所有需求，而是合理范围内的，基于自身独特价值实现的满足。

需求　期待
承诺
信任的构成

需要提醒的是：试图满足客户所有需求的想法是危险的！

（2）期待

期待是人们对于需求被满足的场景、方式及结果的自我设想。而且，这种设想可能会随着时间的推移而发生变化。销售人员如能管理好客户的预期，也会在客户心目中建立可信任的形象。

一般说来，客户的期待通常会来自四个方面：

◎ 亲身体验：即客户自己的过往经验、经历。

◎ 他人的言传身教：客户身边其他人的经验或经历。

◎ 看到、听到或读到的信息：客户通过各种途径收集到的信息，比如沟通过程中销售人员的表现，通过各种渠道看到的关于公司、产品及销售人员的评价、报道等。

◎ 与某人、某物的类似体验：即在销售接触的过程中，客户感觉到的与销售人员本人或所讲的内容有类似的感觉。

（3）承诺

销售人员对自己做或不做某事的保证。这种保证有两种：

◎ 隐含的承诺：销售人员没有明说，但在措辞或神色或其他言行上进行的某种暗示，客户解读为对其的某种表态或许诺。

◎ 明确的承诺：明确不含糊的说明，不用过多阐释，可能是明确的语言表达，也可能是书面的确认。

这三者共同构成了信任的组成部分。所以，销售人员在销售接触的过程中，要有意识地保持对客户需求和期待的关注，持续兑现承诺，从而建立和强化信任关系！

信任产生的基础

信任既然是一方对另一方的期待，那么这个信心的建立过程一定是在接触的过程中产生的。所以，所有的信任或不信任（关系）其实都是累积出来的，每一次客户接触就构成了信任的基础。

如何通过每一次客户接触给客户传递信心？如何让客户对销售人员产生可靠的感觉？

首先，第一印象很重要！在面对客户或初次接触的30秒内，好印象或是坏印象就可能在对方的头脑中形成。如果销售人员具备以下个人特质，则更容易建立起信任：

◎ 开放透明

◎ 诚实正直

◎ 真诚真实

◎ 勇敢果断

◎ 可靠且经得起考验

◎ 关心别人且善于换位思考

其次，在销售接触的过程中，客户对销售人员其实是有期待的。前期因为双方的距离较远，或关系不到位时，这种期待感可能并不明显或强烈，但随着交往的加深这种期待会逐渐明确而强烈。

在客户接触的过程中，销售人员要有意识地与对方创建和谐的关系，主动拉近与对方的距离，尤其是心理距离，从而建立和保持与客户适当的私人关系。这种私人关系有利于销售人员感知对方的情绪，并传递自己的真诚、专业、有意愿和有能力为其解决问题的信心。在此情形下，对方就更有可能将自己内心潜在的期许以某种方式明示或暗示给销售人员。一旦客户的期待得到销售人员的某种回应，客户就不会对销售人员产生失望感或无能感，反之客户就会产生失望。如果销售人员能够在这个过程中做出超越客户预期的表现，给到客户意外的惊喜，则会形成满意，并对销售人员产生某种信心。

所以，销售信任的建立其实是信心的传递、情绪的转移、情感或感情互动的过程。销售人员在销售接触的过程中，如能管理好自己让人信赖的行为和印象，放下个人利益的权衡，表现得更关注对方的利益，发自内心地践行企业和个人帮助客户、成就客户的使命，让对方感受到你的善意，并兑现承诺，则更易赢得客户的信赖。

信任的类型

（1）盲目信任

◎ 按原则办事的人可能先选择信任，再提问题。

◎ 有突出成就或有创新动机的人可能盲目陷入某种状态中。

◎ 关心别人，总是为别人考虑的人可能会盲目地信任别人。

（2）心存怀疑的信任

◎ 戒备心强或总是心存怀疑的人会倾向于此。

◎ 根据事实行事，凡事追根究底，在信任之前期待先让一切有所进展并产生结果。

◎ 喜欢自己亲身体验所有事物并需要相关证明，直到能够向自己证明。

◎ 需要知道底线，即喜欢在了解了"这对我来说意味着什么"后建立信任。

（3）保持中立的信任

◎ 没有明确的态度。

◎ 也没有怀疑与不相信。

（4）场合性信任

◎ 特定情形或情况下被信赖或值得相信，如共同的爱好、共过事、特定情况下合作过等。

◎ 试图扩大到其他领域或场合中，延续原有的信任。

◎ 最常见的就是业务能力好的人被提升为管理者；在某个方面表现优异取得他人信任后，在其他方面也会获得信任。

（5）推荐性信任

◎ 经由可信赖的第三方推荐。

◎ 特定场合性信任某人会导致人们盲目信任其推荐或介绍的人与事。

建立信任的8大途径

销售人员让客户建立信任有很多途径，最常用的途径有8种：

（1）途径1：转介绍

转介绍是指销售人员通过双方共同认识的中间人推荐而与潜在客户接触，可以是专门介绍或当面引荐。这种建立信任的方式通常最简单，也是接触起来最为容易的。这也是为什么通过中间人介绍的事情往往容易办成的原因。

这种方式潜在客户的信任源于推荐人。如果中间人足够可靠,与潜在客户的信任关系到位,这种方式就可以让销售人员与快速接触上,节省很多前期破防的时间。为更好地利用这种信任,在直接接触潜在客户前,销售人员可以请介绍人提前做一些工作,为你提供背书,比如给对方打个电话,帮助推荐和说明推荐理由,讲讲他为何信任你或信任的程度。当然,这也可以检验中间人与你或客户是否均有良好的信任关系。

如果销售人员能表现得像预期或中间介绍的那么"靠谱",则可以快速将源于推荐人的信任转化成对自己的信任。这种信任关系的转移是转介绍成功与否最重要的一环。

当然,无论接触后的结果如何,销售人员一定要在第一时间与中间人说明双方接触的结果并表达感谢,从而强化中间人对你"可靠"形象的印象,而愿意未来继续为你提供信任背书或是向你介绍其他客户。一般说来,每一个合作客户背后至少有5个优质的客户。所以,保持对老客户的持续跟进与服务,也是发展持续业务的重要途径。

(2)途径2:私人联系

人们喜欢和自己一样的人做生意或合作。

私人联系是指销售人员利用与潜在客户的社会联系,如共同经历、私人关系、老乡、同学、战友等共同点来拉近双方关系,建立信任的过程。

这种建立信任的方式对于喜欢人际交往的人格外适用。如果共同关系强大到足以让你获得认可,则可创造更多接触的机会。当然,某些人可能反感或对此类关系不感冒。所以,不是所有的共同关系都能够转化为业务方面的信任,尤其是当双方的身份、地位(感)不对等时,销售人员就需要通过其他方式将私人领域转向业务领域,比如请对方讲讲自己的经历,

绝对成交
批量复制销售冠军

在此过程中表示认同与赞美，从而拉近距离，建立信任。

当然，个人层次的沟通时间不宜停留太久，否则会给对方"不务正业"的感觉，毕竟客户接触的主要目标和诉求还是要回归到业务层面。因此，销售人员在此过程中要适时快速切换角色，尝试着将个人层面的认可与信任转化为业务方面的合作信心。

（3）途径3：业务关联

这是一种通过行业人物建立信任背书的方式。即利用简单的认识，或有时甚至只是听说过行业里某个可靠的人，或对方工作经历中共同认识的某个人，或客户想要认识的行业人物等建立自己的"可信"形象：原来你和他们都有"关系"。

这种方式不需要做额外的准备，只需要平时有意识地累积。在行业做得越久，听到的故事就越多，以及建立联系的人就越多，你就越容易赢得可信度。谁和谁有什么关系，谁与谁做了什么事情等，都可以成为谈话十分有利的信息来源。要知道，客户也需要消息更新自己。一旦销售人员把自己做成了客户的信息来源，就可以顺其自然地与客户保持持续的接触，从而增加销售接触的机会。

当然，这个过程中要避免给对方一种"狐假虎威"自提身价的不良印象和感觉。所以，销售人员可能需要花一段时间来累积阅历，建立联系网。因此，这通常是老手的游戏，更适合老练的人。

（4）途径4：个人标准剧本

销售接触过程中，销售人员可以管理的是自己值得信赖的行为和印象，所以要赢得信任还需要树立一种值得信任的个人形象。

个人标准剧本就是指销售人员为突出自身的特点与优势，通过提前设计自己在客户端的角色形象，并准备与之相关的文本（通常包括自我角色定位、行事方式、价值塑造话术等一系列标准和说明），进行反复演练直到熟练自然，然后以"完美形象"展现于客户端，从而赢得客户信任的一种方式。

销售人员可以针对自己的特点，设计独特的常见销售场景的剧本，包括开场白、个人介绍、产品与公司介绍、收场等，让自己与竞争对手区别开来，并实现对客户的吸引。

比如，我个人在与客户接触的前期常常这样开场：

（投一张自己的照片）

各位，看到这张照片时，你感觉我是一个什么样的人？

……（无论客户说什么）

是的，我是一个做事情对自我要求非常高的人，所以我要对大家和自己的生命负责。既然各位将把自己生命中最宝贵的两个月投入进来，那我希望大家在项目期间的收获足够大，否则就对不起各位的投入了。所以，如果我在项目期间严格要求，请大家理解和原谅我，可以吗？

可以！……

我们就是这样管理自己对客户负责值得信赖的个人形象的！

标准剧本使用的过程中要注意体现真情实感，不能让对方感觉自己像是在"演戏"，应根据需要随时调整自己的角色，否则就适得其反了。而且，在设计剧本时，一定要考虑到各种客户可能的反应，并将客户的参与和互动也设计进来。没有参与感，就没有认同感！

（5）途径5：接触流程设计

接触流程设计也叫触点设计，指销售人员通过设计和控制接触的整个过程，实现对接触过程中可能问题的预计，提前准备，实现对结果的控制，从而让自己表现得更专业，赢得客户信任。

接触流程设计中要强化过程互动，帮助每一个人回归正确角色的同时，实现阶段性的关系和接触结果递进。而且，在接触过程中要考虑到各种可能情形，不应忽略现场涉及的每个人，避免独角戏。其中，设计的接触过程要充分考虑可能被随时打断的情形，并提前做好准备。

（6）途径6：行业高见

销售人员还可以通过对当前行业动态提出独到的个人见解，赢得客户的信任。

这些所谓的独到见解其实就是换一个与行业多数人不一样的视角，表达自己对于行业的理解。所以，为了培养自己的行业洞察力，销售人员平时要保持学习的心态，多与人交流、阅读并思考，直到拥有你自己的看法。

培养行业洞察力的思考训练如下：

我们这个行业不应该是……（大家正在做的）

我们这个行业还可以有很多可能……（客户需要而大家应该做而还没做的）

通过这种跳出行业现状重新看待行业的思考和尝试，就可以找到很多不同答案。从中选一个自己最有感触、最有感觉的视角，反复强化向不同的人表达，不断调整，即可形成自己的行业高见。

当然，在这个过程中要注意做到角色转换：发表高论时，自己是不可一世的圣人、权威，要表现得自信而坚定，给客户一种专业和有能力解决其问题的感觉；一旦建立起了基本的信任，则需要抓紧时机调整到平等交流的朋友视角，这样客户才愿意更好地敞开心扉，才有利于销售沟通过程中收集到想要的信息，以更好地挖掘客户的需求，实现销售目标。

（7）途径7：个人声誉

销售人员通过自己在企业、行业等过往经历中建立起的个人影响力或声誉，赢得客户的信任，比如传奇的个人经历、骄人的业绩、专业能力、客户好评、客户见证等。

这种建立信任的方式不需要额外准备，只需要销售人员在整个职业生涯有意识地积累即可，过往都是你的准备。一旦拥有的这样的积累，销售人员就可以在与客户接触的过程中扮演更高地位（成功人士）的角色，展示出强大的自信心，提出自己想要问的问题而内心不害怕。

需要注意的是，在利用个人声誉的过程中，客户的期望可能很高或表现出不相信。对此，只要展示自己被很多人所信任即可，千万不要试图证明自己值得被信任。二者有本质的区别：证明只能表明自己弱小，客户往往愿意和强大的人合作！

（8）途径8：大胆提问

在接触的合适时机，比如销售人员感觉客户已经基本接受自己时，还可以通过大胆、强势地向对方提出某些关键、重大的问题，把双方的接触从聊天带入探讨，从而夺取关于沟通方向的控制权，这常常也会赢得对方的信任。比如：

◎ 公司的战略发生了哪些变化或调整？

◎ 当前面临的最重要的挑战/问题/困难是什么？

◎ 你选择合作伙伴最重要的标准有哪几条？

销售人员通过毫不犹豫地要求对方披露信息的做法，首先展现了销售人员的信心和勇气，会提升销售人员专业和有能力解决问题的良好个人形象。为了保证效果，需要销售人员有强大的自信心和丰富的专业知识，并最好能与转介绍或个人声誉结合起来应用。

绝对成交
批量复制销售冠军

当然，客户可能还没有准备好要回答如此"敏感"的问题，那么客户接下来可能会选择沉默，或者客户开始反问你问题，了解更多有关你的情况。此时，销售人员需要时刻做好应对的准备。

◎ 哈哈，别紧张！我就是随便问问的。

◎ 我今天来的主要目的是来看看，有什么可以帮助到你的，所以你能给我介绍一下情况吗？

◎ 你是有什么顾虑吗？还是……

◎ 可能你还没有准备好回答这些问题，不着急，慢慢来，合适的时候咱们再讨论这个，咱们可以继续聊点别的。

这种通过大胆提问建立信任的方式，无论向客户提出要求，还是在客户"拒绝"回答后，销售人员都实现了对销售节奏的把控。特别适合于那些喜欢建立关联、喜欢前瞻性思考问题和结果导向的决策者，这会让对方对销售人员充满信心。

为了更好地帮助理解，我们针对8种主要的建立信任的途径做一些对比：

建立信任的8大途径

序号	途径	主要说明	优点	缺点	备注
1	转介绍	通过双方共同的中间人推荐而接触，可以介绍或当面引荐，利用推荐人和客户的私人信任关系，快速建立起信任转嫁	进入门槛低，很容易获得接触的敲门砖；可以节省时间，可以快速地转向提问	信任源于推荐人而不是自己，需要转化成对自己的；对方的预期可能很高，必须满足预期才能对接或维持	确保中间人可靠；在接触前最好请中间人背书；无论结果如何，让推荐人知情并致谢
2	私人联系	利用与客户的社会联系，如共同的经历、私人关系、共同爱好、共同的家乡等共同点，拉近关系	可以快速接近距离；如果共同关系强大到足以让你获得信任，则可创造更多接触的机会	共同关系并不总是能为每个人建立起业务方面的信任，有的人不感冒；双方的身份、地位（感）要对等；需要从私人领域转向业务领域	对于喜欢人际交往的格外适用；人们喜欢和自己一样的人做生意；停留时间不能太久，牢记目标和诉求

续表

序号	途径	主要说明	优点	缺点	备注
3	业务关系	利用简单地认识（或有时甚至只是听说过）的行业里的某个人，或对方经历里面某个共同认识的人、或客户想要认识的某个行业人物拉近距离	不需要任何额外准备，可以利用平时的累积；行业做得越久，素材越多，运用起来越顺手和习惯；可以把自己做成对方的信息源，实现持续接触	可能给人自提身价的不良印象；需要花一段时间建立联系网；老练的人可能更适合	评论领导人物或名人时，要避免给别人傲慢自负的感觉
4	标准剧本	通过提前设计自己的角色，突出自己的特点和优势，准备脚本并反复演练，建立自己值得信赖的行为和印象。设计客户的参与和真情实感很重要	帮助销售人员管理好自己的行为和印象，提高现场表现力；可以变成销售工具包的一个标准部分，在多情形下反复使用	可能只是建立起可信度的一部分，因为太通畅而让人感觉到在背诵而不真实或不真诚	可以传达略高的地位，并根据需要调整和改变状态；注意：讲完话后一定要停止下来
5	接触流程设计	接触流程设计也叫触点设计，通过设计接触的整个过程，实现阶段性的关系和成果递进，让客户感觉到自己的专业和可信	可以有效控制场面；可以实现对接触过程中问题的预判，提前准备，控制接触结果	如果准备不足或设计比较糟糕，未考虑到相关的可能性会削弱可信度，适得其反	关注到现场的每一个人，强化互动，避免独角戏；通过计划和流程让自己像专业人士一样表现；注意：做好时刻被打断的准备
6	行业高见	通过对行业动态提出独到的个人见解，赢得客户的信任。观点要新颖独到，见解要求深刻，并且和个人有关系。保持学习心态，换个角度看问题很关键	可以在许多不同的客户面前使用同一洞察力；轻松赢得自信和专业的个人印象	有可能表现过于自信让人反感；如果准备不足可能适得其反	保持学习的心态，换个视角！注意角色转换：从圣人到朋友

续表

序号	途径	主要说明	优点	缺点	备注
7	个人声誉	通过个人在行业、企业等过往的经历建立起个人影响力或者声誉，比如说传奇的个人经历、骄人的业绩、客户好评、客户见证等，赢得客户的信任	不需要准备，职业生涯就是最好的准备；可以拥有心理优势，扮演更高地位的角色，直接提出你想要问的问题	客户的期望可能会很高；可能会找各种理由不相信	不要证明自己，而只是展示！个人的声誉，你值得拥有
8	大胆提问	大胆地向客户提要求，通过毫不犹豫的强势提问，要求对方披露重要的信息，凸显个人胆大、高地位和有能力的个人形象，从而形成个人信任	一旦成功，则可以直接进入探寻需求的阶段，赢得沟通主导权；测试出客户的真实接受情况	需要一定的氛围和接触基础；强大的自信心和专业知识；客户可能还没有准备好，可能会遭遇客户的沉默或抵触	时刻准备忍着接下来可能出现的沉默时刻，需要准备应对策略。最好与转介绍或个人声誉结合

8.3 把握成功销售的6大核心要素

问题与痛苦

发现和满足客户的需求是销售的中心工作。

需求是什么？需求是由个人或组织的现实与理想（目标）之间的差距引发的，即需求是由客户自己承认或确认的问题引发的，它通常伴随着痛苦或不满。这是客户需求产生的原始动力。

通常这些不满或问题需要由客户自己说出，或经销售人员提醒、客户进行确认或认可。只有这样，客户才有痛的感觉，才有改变的可能。销售人员自认为的客户痛苦或问题常常不足以促使客户发生改变。

原则上来讲,每个人都有未被满足的需求。所以,从这个意义上讲,每个客户都是可能实现销售合作的,只要激发得当并具备某些条件即可。

客户需求的来源只有两个:一个是逃离痛苦,一个是追求梦想。所以,无论是个人客户还是企业客户,客户需求的来源归根到底是人的欲求不满。正所谓痛则思变,不(足够)痛不变。这也是每个人最基本而原始的改变动力。

所以,要想实现产品或服务的销售,必须让客户首先意识或承认自己的某种不满,才会有采取行动的可能。放大和聚焦是引起重视,增强痛感最直接有效的方式,就像用放大镜帮助我们快速发现微小的事物一样。

当然,客户表达内心不满的方式可能有很多种,表现出脆弱的时机可能稍纵即逝。有的表现得直接与明显,有的含蓄而不露声色,不一而足。这就需要销售人员具有一定的识别与把握机会的能力。这也是销售高手共同的一项能力。

所以,营销工业化方法论中很重要的一项工作,就是通过训练,强化销售人员的情感感知能力,帮助其增强情感理解与感知能力,从而提高抓住销售机会的能力。前面介绍的日常训练工具和我们在企业端开展的咨询实践,可以帮助销售人员快速有效地提升销售人员这方面的能力,建议大家务必坚持用起来。

决策关键人

销售合作或者购买决定的形成,通常是有一定的决策过程的,尤其组织客户更是如此。

无论是个人用户还是组织客户,购买决策通常是有决策过程的。在决策

绝对成交
批量复制销售冠军

的过程中，都会有相关的人员或群体对合作决策过程和结果产生影响。所有对购买决策过程或结果有重要影响的人或人群，我们称之为关键人。在这个过程中，存在一系列的影响人和决策人关系，共同构成了决策的关系链条。

在实现销售的过程中，销售人员需要摸清客户决策的关系链条，有效了解客户的决策链条中各个角色及其对购买决策的影响能力，从而及时发现关键人，并梳理清楚其与潜在客户关系及影响决策的方式与程度，以此确定该如何与之进行有效接触，并递进客户关系与信任，以便对销售合作或购买决策施加有效的影响。

如果是个人客户，除了潜在客户本人外，还可能存在身边对其产生重要影响的人或群体，比如家人、朋友、其他关系亲近的人等；如果客户属于企业或组织，决策过程则相对复杂一些，决策链中通常会包括发起人、影响人、决策人、购买人和使用人五种角色。

销售人员如不能有效地对决策链施加影响，那么决策的过程就处于不可控的状态，有利于己方的结果因此将无法获得足够的保证。所以，发展与关键人的绝对信任关系，是影响决策链条和决策结果的关键，也是销售成功的基础与重要保障。

（1）关键人的三大类型

①决策型。

对购买决策过程及结果起决定性作用，是决策链条中具有重要影响力的人，通常处于决策链条顶端。可能是组织职能中最高职务者、组织中的资深人员或某个相关领域的第一责任人或负责人。

如果是个人客户，就是说话有分量、说了算的人。

无论是组织客户，还是个人客户，决策人也都有可能是一个群体。销售人员需要有意识地进行寻找和区分。

②引荐型。

这类关键人有能力或职责向高阶决策人提供意见与建议，通常为产品或服务的使用部门、使用人、技术把关者、特殊受决策者信任的人等，他们有可能影响决策层对相关事项的评价。

引荐型关键人不是决策者，但对决策者的决策提供重要的参考依据，对其决策可能产生重要的影响。

③关系型。

与决策层有非常亲密的合作关系，通常有更多的机会接触和影响决策层的人员，如办公室主任、助理、老员工、老部下、元老等。

（2）如何与关键人建立关系

不论客户是终端客户，还是企业端客户，销售人员在前期一定会接触到某个人或某些人，这些人我们称之为接触人。

请相信，每个接触人的出现，绝非偶然，他们是我们开展销售推进的起点。因此，首先要做好接触人的经营，他们很可能是非常好的客户内部教练，会为后续的销售递进提供有效帮助。

根据销售逻辑，任何一个接触人，我们在接触之后要学会先通过拉近距离，破除对方的戒备，建立起足够的信任。在此基础上，我们就可以了解到客户的决策链条及接触人在决策的过程中承担的角色。

那么有两种可能性：第一种情形是接触人本身就是关键人，即对销售决策有重要的影响力；第二种情况，接触人不是决策关键人。

针对第一种情形，销售人员可以直接通过与接触人递进信任关系，实现销售推进工作。针对第二种情况，则需要在与接触人递进客户关系的过程中，通过接触人找到关键人，最好能在接触的前期和过程中提供足够的帮助，比如做强力的推荐，为销售人员与关键人的接触创造机会等。一旦

绝对成交
批量复制销售冠军

销售人员与关键人建立起了基本的联系，则需在破防的基础上，递进与其的客户关系，并推动关系的深入，甚至发展交情。在建立信任的过程中，一旦关键人的信任建立，则关键人就可帮助和协助销售人员推动销售的整体进展，这就是与关键人接触和跟进的基本逻辑。

此外，在面对多个关键人时，要学会厘清关键人之间的关系，观察和平衡他们之间的关系，不必强求与所有的关键人建立起强烈的信任关系，至少发展一个高度信赖的关键人，并与之建立起足够的交情。与关键人发展关系的目的只有一个，就是关键人在客户内部的特殊影响力，推动销售的整体进程，控制销售的节奏，提高销售成功的概率。

需要提醒的是，在第二种情形下，销售人员切忌中途越过接触人，仅发展与关键人的关系而忽略接触人的感受。这可能为会后续的销售工作增加不必要的难度，同时也可能会失去一个很好的客户内部教练。

解决方案

在接触企业的过程中，我们发现有很多销售人员对自己公司的产品与服务其实很清楚，有些甚至称得上精通，很多销售员都会强调自己的方案比竞争对手甚至比客户已有的方案都好，但是客户却并不认同或接受，业绩却往往并不理想。

有一个做机械设备的客户情况就特别典型，他们的业务近几年来发展非常迅猛，整体增速很快，每年的报价金额大概是其成交金额的10倍以上。也就是说，他们的成交率不足10%！

为什么会这样？大量的行动，大量的机会，却并没有换个好的结果，难道真的是技术方案有问题或者说技术实力不济吗？

通过案例实战分析环节，在与客户回放项目跟进过程时，我们发现了一个共性现象：销售人员在推介方案的时候，通常会根据经验对客户进行判断，然后给出所谓的解决方案。在给客户提供解决方案的过程中，除了例行的看现场和技术交流外，客户的参与度并不高，甚至面对客户质疑的时候，销售人员会习惯性地认为，客户不懂，客户不了解真实的情况，甚至认为客户不理性，没有做出理性的选择。

原来如此！

这里的方案与我们所说的解决方案其实有很大的不同。

在营销工业化看来，成功销售中的解决方案，其实不是简单的指基于销售方的角度提交的所谓技术或商务解决方案，更多的是要强调方案是否得到潜在客户认同或认可。即所谓方案不应是由销售人员（卖方）单方面的判定和提交的所谓解决办法，而是指方案在形成过程中，客户充分参与，并且在这个过程中其需求与想法得到了充分的表达，并被销售人员有效地理解，双方对此有共同的理解。

此外，关于需求的满足，也不应是由销售人员凭一己之力实现的。需求满足的方式，解决方案是否可信或可行，其间也应有客户的充分参与，甚至有相当一部分建议或结论是由客户提出的，其可行性和可信度在方案形成的过程中已经得到了客户的认可，销售方只是作为客户的"代言人"，用某种客户认可的方式进行呈现而已。也只有这样的解决方案，才更容易或更有可能被客户认可和接受。

所以，成功销售中的所谓解决方案，其实并不是指技术层面的方案本身，解决方案形成过程中的客户参与更加不可或缺。这些共同构成了销售方案的重要组成部分。

这才是该客户成交率为什么如此低的原因！

绝对成交
批量复制销售冠军

价值感

（1）价值是比较出来的

客户的决策过程是成本与利益（价值）比较的过程。

所以，所谓的价值是比较出来的。是否有价值，是可以通过某种比较体现出来的。这有两个方面的含义，一是方案相对于客户的预期而言，是超越了预期还是不及预期？二是在价值传递的过程中，被客户感知到的价值是否足够？只有感知的价值足够多，方案的价值才能得到有效的体现。

这个价值应该包括两个方面，一个是方案本身的价值，另外一个就是方案形成过程中销售人员与客户接触时，所体现出来的人员价值——相较于竞争对手及客户预期，更值得信任。这是一个通常会被很多销售人员所忽略的部分，很多人只是在卖产品，而更高的销售境界是在产品之外，即销售人员值得信赖的个人形象，正所谓卖产品不如卖自己，简称"卖人"。

在相对复杂的大订单中，除了以上的价值呈现外，还可以通过提升价值感的方式，帮助客户看到解决方案的价值，从而提高销售成功的可能性。

（2）提升价值感的两大方法

①帮助客户"算账"——方案价值验证。

其一，衡量解决方案影响。

收益方面：要通过过程中收集到的客户信息，设定相应的指标对客户的潜在"收益"或良性的改变进行数据化的衡量，无论是收入、销量还是利润，都可以，取决于销售人员在接触过程中可以收集到的数据和信息。同时，也需要引导思考该解决方案可能带来的战略价值：对更大目标的实现有什么帮助？当然，个人是否还可以获得更好的心境、更多的愉悦、骄傲与成就感、升迁的机会、自我满足等。

成本方面：重点关注替代成本（即解决方案为客户带来的成本上的可能降低）和回避成本（因不解决问题导致的损失或成本上的增加）。此外，是否还有直接损失的降低？以及如果不做改变（不采取解决方案）可能带来的负面影响？

其二，让受影响人感知价值。

解决方案的价值验证还需要由客户来完成，也就是说受影响的部门或组织的决策人应该知晓或认同相关的价值数据，否则客户是没有感觉的。所以，销售人员在推介方案的过程中应该有意识地与客户保持这方面的沟通，确保对方认识到其中的确切价值，并建立起基本的数据概念。

在传递价值的过程中，不妨讲讲客户故事，让有类似经历的客户带给潜在客户安全感，以便其在成功案例的"示范"下更好地接受方案。如果在这个过程中能通过现场示范的方式，让对方切身感受到某个独特的价值，那就再好不过了。

当然，如果其他方法实在不能传递出价值的话，描绘一个鼓舞人心、让客户无法拒绝的未来情景，或许也是一个不错的选择。总之，一定要让客户参与进来！

其三，聚焦整体影响和价值。

把合作相关的投入视为一种投资，给客户的这个投资一个明确的时间周期，拉长这个时间，计算出该时间周期内的整体影响与价值。其目的是让方案的价值明确化，同时进行有效的放大，从而把客户的注意力聚焦到价值上，而非价格或其他方面。如能扩大到对整体，如公司、部门或个人的战略影响上，那就更有价值了。这是很重要的部分。

其四，证明解决或改善客户关注的能力。

绝对成交
批量复制销售冠军

解决方案中还应该包括：运用何种能力或者哪些能力可以帮助企业改变现状。在这个过程中要让对方感受到解决客户问题的能力，也就是说销售人员要学会在客户关注的问题上或客户可能关注的问题上，提供证明其有能力解决问题或改善问题的能力。

其五，明确投资回报周期。

在解决方案沟通说明的过程中，销售人员还应该帮助客户建立一个明确的投资回报时间预期。

如果这个时间周期和客户的预期相比更短，那么客户就会感到安全和放心，从而加速合作的进程；如果这个时间周期长于客户的预期，即投资回报周期更长，那么就需要帮助客户调整预期，否则解决方案被接受的概率就会大大降低，甚至搁置。

②利用客户的"小不满"——提问激发热望。

感知大于事实。方案的价值感还与客户的价值感知有很大的关系。通过提问引导客户透露并聚焦其小不满，通过放大将己方的解决方案之优势与其不满进行关联，从而让解决方案=客户不满的解决。

开放提问：寻找小不满

◎ 现有的方案存在哪些问题？有何不便、麻烦？

◎ 为什么你要咨询我们？

◎ 比较了那么多的供应商为什么还没有定下来？

◎ 除了这些，您肯定还有其他的问题/原因？

追问：了解真因

◎ 为什么会有这么多麻烦？

◎ 咱们之前有没有想过其他的办法？效果如何？

◎ 有没有尝试过解决？结果如何？

◎ 为什么没有效果/没有解决？

再问：聚焦影响

◎ 如果这样会给你个人/团队/公司/行业，造成哪些不好的影响或麻烦呢？

◎ 除了刚才所说的，还有没有其他的影响？

◎ 还有吗？比如……

暗示：放大痛苦

◎ 同事/团队/领导/同行/家人会怎么看待你？

◎ 如果这样继续下去/长此以往，会怎么样？

◎ 为什么如此看重这些？

◎ 这些真的这么重要吗？为什么？

示益：看到希望

◎ 如果这些问题解决了，对你同事/团队/领导/同行/家人意味着什么？

◎ 你觉得对你最大的帮助/好处是什么？

◎ 你最看重的是什么？

◎ 还有吗？

紧迫性

紧迫性是指客户想要做某事的急迫程度，即改变的紧迫程度，通常会表现为一种压力或动力，使人更加快速和高效地采取行动。如果人们对于现状感觉还算满意，则会感到自足而不着急，那么改变的动力也就不够或不足。

所以，销售过程中仅有客户需求和方案价值，并不一定会带来购买，至少不会立即购买，促使客户产生行动的另外一个因素就是紧迫性，它是指对问题解决的时限性建立预期并提出要求，也代表人们对某事、某物渴望的程度。

因此，要想促使客户更快地采取行动，需要帮助对方强化想要的意愿程度，增强必须行动的重要性和急迫程度。要么放大客户的痛苦，要么激发其梦想，通过暗示问题或示益问题的强化与互动，帮助客户强化时间紧迫的感觉。客户的感觉变了，行动就真正产生了。

控制节奏

任何事情要想成功圆满，都需要遵循特定的规律和节奏。销售也不例外。

为什么销售人员要学会控制购买节奏？主要基于客户的接受和安全两个方面的原因。

我们知道，客户购买产品或服务实际上不是为了购买而购买，而是出于他们希望用购买的产品或服务实现其个人或组织的需要，即购买只是其实现某些目标的工具。通常情况下，客户是缺乏购买经验的（相对于销售人员而言，更业余），也就是说在购买的过程中客户其实特别需要得到有效的帮助。

所以，只要销售人员在此过程中表现得不那么急迫，或表现出明显的推销欲望，客户实际上是乐于得到这样的帮助的。也因此，销售人员在控制销售节奏的过程中，最重要的是不能表现出你的控制欲，而是让客户感觉是自己在控制购买的进程，只是得到了销售人员的帮助。从这个意义上说，销售真的就是一个帮助别人成功的工作。

成功销售需要强调销售人员对销售节奏的把握。它是指销售人员应该控制整个购买的流程，而不是被客户控制。

在销售接触的过程中，对销售阶段的判定和判断是控制销售节奏的基础，即销售人员要很明确地知道现在的销售节奏处于销售逻辑的哪个阶段，现在是上半场，还是已经进入了下半场。

只有准确地判断所处的阶段，我们才可能有效地控制节奏。这个过程中有两个方式可以帮助销售人员实现对销售节奏的控制。

第一个叫作提问，即销售人员通过提问刺激客户做出反应，获得客户相关的信息，并据此验证（注意不是猜测）客户的真实状态，然后进行销售递进。如果收集到的客户反应或信息无法确定，则需要继续进行收集与确认。这个过程越是扎实，对销售节奏的控制越强，就越能把握销售的主动权。所以，优秀的销售人员总是假定自己对客户了解得还不够，甚至一无所知。而一般选手则总是觉得自己已经了解得够多了，而采取激进甚至是冒失的做法，使得销售的过程失控，无端增加了销售失败的风险。

第二个方式叫互动，即在销售接触的过程中，有意识地多与客户互动，主动增加客户参与的触点，或主动参与到客户的节奏中去。因为越是能够利用客户当下的兴趣与关注，销售就越是可以做到自然而不露痕迹。这是很重要的！它可以让客户产生自己在主导整个购买的进程，一切尽在掌握的"错觉"，从而让客户因为感觉安全而放松下来。客户越是处于放松状态，其反应或表现就越真实，并且愿意继续双方的接触与沟通，这对销售人员准确判断销售的阶段和把握节奏尤为重要。

销售控制的另外一层含义还包括销售人员在客户接触的过程中，还要学会判断与关键人的关系状态如何。回到客户关系递进工具中，如果客户关系还没能实现中间状态及以上，那么销售人员想要（合作）的成分就比客户想要的更多，此时大的销售节奏则应该以强化信任为主；如果经过判断，双方的关系已过了中间状态，则可以逐步尝试着做实质性的销售试探，再根据客户的反应做出新的判断，以强化或调整自己的行动方向。

所以，销售节奏的控制源于对情境的有效和准确的判断。只有这样销售失败的风险才会大大降低，而销售进程的推动速度和效果才会加速提升。

还有一种情况：有的客户接触起来没那么容易，接触难度比较大。那么，针对这种情况，就要有意识地把自己的接触节奏降下来，这样反而会更有利于目标的实现。很多销售人员都会有这样的经验，就是他们手头总有那么一些客户，跟了一段时间感觉没有什么合作的可能性，于是就当朋友处了，也不提什么合作的事了，跟进了一阵，突然有一天就莫名其妙成交了。

有时为了让大家理解这个概念，我经常会和学员互动。我说："你一定会成为一名亿万富豪的！"很多人听到后会很开心，但是马上就会表现出不自信，然后就开始否认，觉得不可能。我马上就说："只不过有可能是下辈子，或者需要一万年。"大家马上就懂得了：其实所有的问题，只不过是时间的问题。优秀的销售人员，懂得如何让时间做自己的好朋友！

8.4 客户跟进的基本逻辑

客户跟进是从销售人员初次接触潜在客户的联系人，直到销售结束的整个客户接触的过程。高效的客户跟进过程可以实现对整个销售结果的影响和把控。

销售跟进的基本假定

客户跟进逻辑背后是有基本假定的：无论我们接触到的是谁，我们都可以通过接触人逐步实现对潜在客户内部的渗透和影响，并通过这种影响达成最终的销售目标。

所以，有效的销售跟进涉及四类重要的信息要素：

◎ 客户的背景信息。

◎ 客户的需求或需要。

◎ 客户内部的决策链条。

◎ 可对决策链条产生影响的关键人。

客户跟进的完整逻辑

为了更好地帮助销售人员对整个客户跟进过程保持清晰的思路，我们对客户跟进的逻辑进行了完整的梳理，并将销售逻辑运用于整个销售的大过程中：①接触接触人；②破防并与接触人建立基本的信任；③收集信息，并找到关键人；④接触关键人；⑤破防，与关键人建立信任；⑥通过关键人推动合作；⑦合作：实现成交。

需要重点说明的是：越是大生意（如大型的项目或工程类、资源类，标的额超过一定规模的销售机会），销售的本质不再仅仅是销售人员之间的竞争，而是客户内部关系之间的竞争，是客户内部关键人员间博弈与平衡的结果，产品或方案通常是决策关键人之间博弈的筹码或载体。

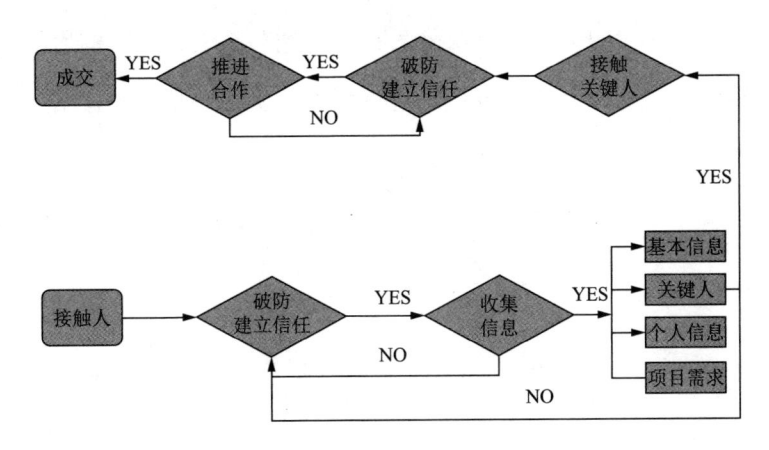

9
营销工业化——绝对成交高阶技能

9.1 十分钟角色成交

9.2 如何有效探寻和激发需求

9.3 如何实现绝对成交

9.4 常见客户沟通难点的应对

9.1 十分钟角色成交

从交往模式说起

人与人之间的接触，其实是有规律可循的。销售人员与客户的人际互动也概莫能外。心理学上，交往是指人与人之间在相互接触或直接沟通的过程中，彼此达成一定的认知，并通过交往行为形成特定关系的过程。

这种双方或多方之间的关系一旦形成，就会形成特定的模式，具有一般性、简单性、重复性、结构性、稳定性、可操作性的特征，从而容易形成一定的人际互动习惯和惯性，而难以发生大的改变。

这个模式也给了销售很多启发。在咨询实践的过程中，我们发现大部分成功的销售不是最后才知道结果的，成败的结局其实是一开始就注定的！何以如此？

有一个重要的概念需要引起注意：那就是角色错误，结果就很难好！很多销售人员在与客户接触的过程中，常常在不经意间扮演了错误的角色，从而给自己的销售之路造成了不必要的麻烦，迟滞了自己的成功，甚至白白丢掉了得来不易的销售机会。

绝对成交
批量复制销售冠军

什么是十分钟角色成交

营销工业化系统方法论认为：销售接触其实是一个买卖双方形成交往模式的过程。这一交往模式要有利于双方后续的销售推进，促进合作。因此，销售人员在最初与客户接触时，就需要用心设计，准确定义自己的角色，从而逐步把握销售过程中的主动权，实现销售成功。

销售互动过程中，双方人员可以扮演的角色其实有N种，每一种角色代表着某种最大的利益，即扮演好了自己应该扮演的角色，就意味着相应的好处。一旦销售人员一方定义好了自己的角色，即我是谁，我来干什么的时候，另一方客户的角色就会被定义（锚定）了！

比如：如果我定义我的角色"我是来帮助你的"，那么，你的角色就被我定义为"一个需要帮助的人"。可能此时在哪里需要帮助并不清楚，重要的是你会按照自己需要帮助来思考或行动。

如果我定义自己是一个销售员"我是来推销的"，那么，你的角色就是"一个挑货的人"，所以接下来好不好、要不要，由你说了算！

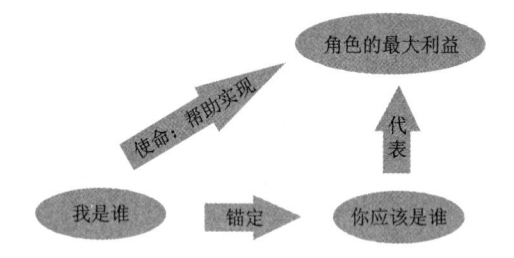

如果双方在此过程中无法达成基本一致的话，双方的沟通就无法继续，或是双方的关系将由此变得不再和谐，从而导致信任关系被破坏。

优秀的销售人员懂得基于企业的使命定义自己的角色：帮助客户实现其最大的利益。客户则会给予我们底线的回报（行动、成交），以获得内心的平衡与安宁。

所以，从某种意义上讲，销售其实是一个双方定义角色，建立规则并争夺主动（导）权的过程。谁可以在一开始就正确地定义自己的角色，谁就可以建立有利于自己的交往模式，从而把握交往的主动权。

角色成交的要点

销售人员首先必须要相信：客户心中想要成为的那个自己，并非凭空创造出来的，而是客户内心的渴望，代表着比现在更大的利益。可能客户当前只是错误地定位了自己的角色，或是在实现其目标的过程中，因存在困难和问题而需要我们的帮助。

所以，销售人员一定要带着使命感工作，定义好自己的角色目标与最大利益。无论企业的使命是什么，我们的使命都是在帮助客户而不是在卖东西！因此，当销售人员接触客户时，客户现在是谁（过去或现在怎么样）就不再重要，客户应该成为谁（未来要怎么样），或者说最想成为的自己是什么，才最重要！客户只是在自己更大利益的牵引之下，才更容易采取行动。

销售人员一开始就要学会与客户沟通前想好自己要干什么？如何围绕企业和个人的使命来帮助目标客户实现其目标？通过自身的使命帮助客户定位好自己的角色，即客户应该选择的角色，帮助客户定义更大的价值。只有这样，客户才更容易被我们激发。

因此，销售人员要要发挥想象，思考：客户最大的（目标）利益是什么？为了帮助客户实现其最大的利益，我应该怎么做？我帮助到客户的最佳方式是什么？

刚开始时这种感觉可能不会太强烈，但随着不断地实践和取得进步，你会越来越坚定并发自内心的相信这一点。这是取得重大成就的基础。

总之，角色成交法的关键，还在于回归使命，用利他之心关注客户更大利益的实现。

9.2 如何有效探寻和激发需求

会提问才会销售

（1）需求是如何产生的

客户的需求来源有两个：追求快乐或逃离痛苦。归根结底其实只有一个：对现实的不满！

所谓痛则思变，客户追求变化的动力通常源于对现实的不满。这种不满包括两种：第一，客户对于某件事或某个项目的预期和现实之间的差异，这是问题的一种；第二，客户的现状与梦想之间的差距，这种差距也会形成问题。

需求的产生过程大体如此：

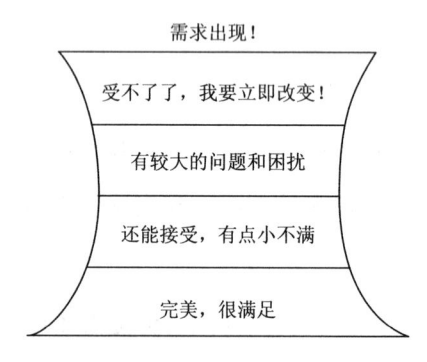

```
          需求出现！
    ┌──────────────────────┐
    │ 受不了了，我要立即改变！ │
    ├──────────────────────┤
    │   有较大的问题和困扰    │
    ├──────────────────────┤
    │  还能接受，有点小不满   │
    ├──────────────────────┤
    │     完美，很满足       │
    └──────────────────────┘
```

起初对现状是"满意"的，然而因为某种或某些原因产生了一些小的不满。在某些因素和条件的作用下，不满逐步演变成问题或困扰，并最终变得不可接受，于是改变的动机就有了，需求由此产生。

所以，销售人员首先要学会去理解客户的预期以及梦想，其次要学会帮助客户对现实形成评价，没有这两个基础，就没有问题，也就不会有需求。一旦我们帮助客户看到这两者之间的差距，这种差距就会给客户造成某种程度的不满。

大部分人其实对现实采取的是容忍或者接受的态度（否则客户早就在改变了）。因此，在销售沟通的过程中，销售人员必须要学会把这种平静打破。要么在客户的预期与梦想方面进行强化，使其更有信心和动力去追求所想，要么在现实层面上进行强化，帮助其面对现实，看到问题或者看到梦想与现实之间巨大的差距，并使这种差距更加的凸显而成为当下关注的焦点。一旦对方开始关注这个问题，那么恭喜你：销售的机会就出现了！这种不满就像种子一样，会在客户的心里面不断地发展、长大，只需要一些条件和一点时间，小种子就会长成参天大树。

销售人员在此过程中，只需要对其进行浇水、施肥，保持足够的耐心，同时辅以帮助即可。随着时间的推移，不满会得到不断强化，最终变得不可容忍和接受。改变就此发生！

这就是销售需求产生的基本原理。

（2）销售人员为什么要多提问

前面我们已经探讨了，客户的不满是来自其内心的，而不是外来的，所以，在探寻和激发客户需求的过程中，销售人员的价值更多地应该体现在认同、影响和引导客户上，而不是说教或试图强行说服对方。否则，客户心中已有的不满的种子就难以快速长大。

因此，销售提问很关键。

销售提问还有很多的好处：通过提问销售人员可以理清自己的思路（否则就问不出来了）；提问能够帮助销售人员快速收集客户信息，了解客户的需求和真实想法，找到客户想要的答案。

当然，在这个过程中，销售人员还可以通过提问让客户感觉自己才是注意力的中心，从而更愿意配合销售人员，并通过提问的内容和节奏设计，实现对场面的把控，掌握销售沟通的主动权，控制销售的节奏，既不能因太快让客户感觉不安全而退缩，又不因节奏过慢而迟滞销售成交。

此外，提问其实也是处理异议最好的方式。很多销售人员在客户提出异议甚至质疑时，总是习惯性地进行回答，试图证明自己或说服客户。这首先是一种心态不够强大的表现，要知道客户提问并不代表客户真的那么想，客户可能只是在试探你的反应！当然，这个过程中的回应是对的，只是回应≠回答，提问才是更佳的选择。

◎ 为什么你会有这样的疑问？

◎ 为什么你对此如此不满？

◎ 还有别的问题吗？

通过这样的提问，销售人员可以再次把握主动权！更重要的是，我们可以有机会更深入地了解客户所想。客户异议的背后其实只代表我们前面的工作做得不到位！

所以，从这个意义上说，提问其实是更高层次的思考！

问题的常见类型

（1）根据作用区分

根据问题在销售沟通过程中起到的作用，可以将问题分为4个大的类别：背景问题、难点问题、暗示问题和示益问题，分别实现收集背景信息、发现问题与需求、进行聚焦和放大，最终通过利益呈现、引导实现成交。

①背景问题。

所谓知己知彼，百战不殆。背景性问题主要是为销售方收集与买方实际情况相关的背景信息服务，帮助销售人员建立起对客户基本情况的大体了解，以免在销售接触的过程中因不了解情况而犯低级错误。

背景性问题收集到的信息，是销售人员在销售接触过程中采取行动和决策的重要参考依据。这些信息是避免经验主义、根据客户实际情况学习与调整的重要基础。

通常情况下，这类问题对销售的直接推动（激发客户改变之心）作用不大，因为客户并没有因为回答这些问题而发生心理上的影响与变化，或者说提问背景性问题对客户的实质性改变没有帮助。

然而，我们在咨询实践的过程中发现，很多销售人员特别喜欢提这类问题。根据我们的不完全统计，销售人员经常提的问题85%以上都是这类问题。

为什么对销售推动作用不明显的背景性问题如此受"青睐"？其实原因只有一个"安全"。缺乏经验的新手会更多用，因为简单，上手容易，而且在最初时客户通常不是愿意配合的。

销售高手其实也会问，但会有所偏重或带有特定的目的，通常是用来验证自己通过其他渠道或方式收集到的信息差异，发现客户的问题与需求。用验证取代对事实的猜测！这是非常明智的做法。

一般选手的做法则是在收集到信息后，忍不住给客户提供"答案"，甚至打断客户：不要再说了，我已经明白你的情况了……，从而让客户很恼火。而这些所谓的答案，通常只是自己过往的经验或心中已有的结论。

绝对成交
批量复制销售冠军

这种方式也阻碍了自己进一步探索客户内心的好奇。这是最可惜的！

事实上，背景性问题正是因为对客户的帮助作用不太，所以如果一个销售人员问了太多的背景类问题，就会让人生厌。当然，这也就解释了客户不愿意和销售人员继续下去的原因了。

经典提问：

◎ 你能跟我说说你（们）的基本情况吗？

◎ 你最关心与…相关的问题有哪些？为什么？

◎ 现在是什么样的？现状如何？

◎ 你能跟我说说咱们现在是什么情况吗？

◎ 你（们）怎么看待这个问题/事情？

◎ 为什么你会这样想？

◎ 除此之外，还有吗？

核心作用与目标：

◎ 让客户感觉你很懂他们的业务！

②难点问题。

难点问题是指针对客户的难点/困难/不满等展开的问题。

促使对方思考，帮助对方打开认知边界，所以对销售的达成有一定的促进作用。尤其是在有经验的销售人员有意识地引导下，可以让客户讲出隐含的需求、诉求，让对方从困扰中看到解脱的可能性和希望。

解决问题是双方合作的基础动力。

所以，销售人员在提问过程中，应该开展教练式的引导，引发客户在专业或者业务层面进行思考，这通常是客户不满的基础来源。在此过程中，销售人员首先要帮助客户发现和确认问题，其次才是解决问题。

此外，难点问题也是了解客户内在需求更直接的方式。它可以帮助销售人员发现和揭示客户内心的不满,也即隐含的需求。所以,在信任关系不到位时,有可能冒犯客户,引发抵触。所以,这类问题需要足够的信任和一定的勇气,老手通常问的比率更高。

经典提问：

◎ 你在工作或业务开展过程中,有什么问题或困难?

◎ 有哪些困扰?或者不便?

◎ 合作过程中出现了哪些问题?

◎ 在您看来,现有的状态/合作（模式）中有哪些需要改进和提高的地方/部分?为什么?

◎ 给你/你的部门/你的公司造成了什么困扰?除了这些还有没有别的?

◎ 你是否受到了来自其他人/其他部门/领导/团队/客户的压力/质疑/批评?为什么他们这样认为?真的和你有关系吗?那怎么办?

核心作用与目标：

◎ 让客户感觉自己问题很多!

③暗示问题。

改变需要足够的动力。

暗示问题的主要作用：增加客户头脑中已有问题的严重程度,增强客户内心追求改变的动力。问题的严重程度决定解决方案的价值。

暗示问题是以问题为中心的。通过提问暗示性问题,销售人员可以引导客户就隐性需求进行放大,从而引发客户对问题的严重程度的思考,把一个潜藏的问题变得凸显起来而引起注意,直到足以让对方采取行动,从而把潜藏的问题变成了明确的/不得不解决的难题。

在面对不确定性或压力时,人们倾向于做出匆忙决定。暗示问题的基本作用原理,就是通过放大痛苦,激发不安,在客户"平静"的内心激起

绝对成交
批量复制销售冠军

涟漪,从而促使其采取行动。

一般说来,这类问题对于决策型的关键人,效果更佳。作为全局责任人,他们更关注解决系统存在的隐含问题,通常喜欢做到前面,即在事情或危害未发现前解决问题,做到未雨绸缪。

此外,对于变化较快,竞争压力大的行业尤其适用。通常这些行业天生拥有强烈的忧患意识,否则就难以存活于这样的行业中。

暗示放大通常有三大方向:

第一个是从时间维度放大,也就是说拉长时间周期,把危害或者影响从短期引发到长期:长此以往会怎样?

第二个方向就是扩大范围,把隐含或潜在问题不解决的危害影响范围从局部扩大到整体,甚至更大范围,从自身放大到相关者,从个人扩展到部门,甚至是整个组织、行业等。

第三个方向就是由事及人的转移,即帮助客户认识到事情背后对人的巨大影响。把问题不解决的影响从事情本身转移到对相关人、组织的影响上。比如,针对关键人,如不能及时解决相关问题,可能因此遭受无能、不作为的批评,从而声誉受损。

经典提问:

◎ 这样下去会怎么样呢?会什么样你接受不了的情况发生吗?

◎ 为什么你认为这种情况必须得改变/改观?会对你产生哪些影响吗?

◎ 对你个人职业/生活/团队/部门/公司会有哪些影响?

◎ 还有哪些更深层次或长远的影响?还有吗?

◎ 除了这些,对你的绩效/职位表现/团队评价有没有什么影响?还有别的吗?

9
营销工业化——绝对成交高阶技能

核心作用与目标：

◎ 让客户感觉自己问题很大、很严重！

④示益问题。

示益问题又称为成交性问题，其作用主要是帮助对方联想解决问题背后的价值与意义，向客户展示问题解决后的机会与利益，从而引发客户对合作和未来的期待。

在多因素影响的复杂问题解决方案中，示意性问题可以帮助客户发现和聚焦其关心的主要问题。在提问示益问题的过程中，销售人员要学会把握一个小技巧，就是把客户当专家，让客户告诉你什么是更有价值的，而不要自以为是或靠经验凭空猜测。这样比销售人员告诉对方更好，更容易被接受，从而降低被拒绝的概率。

此外，这类问题在产品与人员价值结合的企业用户中更有价值。因为产品和人通常分不开，并且这种购买通常都需要一定的售后支持，具有重复性购买的特点。这类购买的特点是：销售合作推动的主要力量，不在外部，而在购买方内部的决策链条中。

所以，销售人员还要学会帮助你的沟通对象，使其具备影响决策链条的能力，或更容易说服其他人，从而让其帮助你去开展企业内部的说服和销售工作。因为在内部的各种场合，销售人员不可能都出现，如果关键人具备这样的能力的话，那么，销售成功的概率就会大大提高。

也就是说，为了让内部教练更好地为你而工作，销售人员需要聚焦于为什么对客户的业务有帮助，最好能让对方确认，或描述其价值，这是非常好的提前演练。因为关键人未来将有很多机会需要向其他人说明这一点，如果他能当着你的面说清楚，那么，我们就有理由相信，他可以在内部各种场合帮助你说清楚，从而实现对你的销售帮助。

所以，示益性提问销售，其实是一个让关键人相信我们的方案可以为其提供价值，然后再通过关键人让其他人相信，最后实现集体相信的过程。

示益问题强调的是策略中心，营造积极解决问题的氛围，不再注重问题本身，注重提供对策和行动方案，更着重于针对问题的对策：积极寻求解决问题的意义和价值，激发憧憬，所以经常会让人因看到希望而感受到愉悦。示益问题通常也是说服决策者的利器。因为决策者通常有更强的预见性或前瞻性，他们往往更愿意解决问题，防患于未然。

当然，示益问题提问的过程中，有两点需要注意：第一是要避免过早使用，即问题未经充分放大前；第二个是，针对没有确定答案，或者说我方没有优势的部分，要慎用示益性问题。

经典提问：

◎ 如果有……方法，解决这个问题，会怎样？为什么？这能给你/你们带来哪些你们期待/想要的好处/变化？

◎ 如果这些问题解决了，对您有什么帮助？

◎ 你觉得这个办法/方案可能给你带来哪些积极影响/好处？除了这些，还有吗？

◎ 如果这/个些问题都解决了，对您有什么积极的影响？对您的KPI指标的达成有什么帮助？对公司有什么好处？对您的工作有什么好处？别人会怎么看您？还有吗？

核心作用与目标：

◎ 让客户感觉自己的问题很有可能解决！好处多多！

（2）根据涉及范围区分

①开放性问题。

所谓开放性问题，也称开放式提问，是指提问涉及的内容范围较为宽泛、针对性不强的一类问题，通常是与封闭式问题相对而言的。

这类问题通常是为了引发客户兴趣，让客户放松（针对性不强所以没压力，可以随便说），并在客户回答问题的过程中收集客户信息与想法所设计的。一般说来，互动门槛较低，客户容易参与。当然，此类问题因为针对性不强，客户的回答内容不确定，所以可能会让提问方感觉"失去控制"，甚至担心自己无法把握沟通的主动权。如要继续沟通，需要提问方有一定的提问"回收"能力。

好的开放性问题，客户会变得放松，同时回答中常常会带出相对丰富的有用信息，而不是一两个词或一两句话就可以回答的。这样，在客户回答问题的过程中，销售人员就有更多的机会深入展开话题并进行针对性互动了。

经典提问：

◎ 现在是什么情况？

◎ 为什么会这样想/思考？

◎ 你觉得是什么原因呢？

◎ 对于这个问题，你怎么看？为什么？

◎ 还有吗？

②封闭性问题。

封闭性问题，则是指提问涉及的内容范围相对明确，甚至是有固定选项，针对性强的一类问题。通常这类问题的答案相对简短、明确，回答的范围也基本处于提问者预期的标准范围内。

封闭性提问的目的是为了获得对方明确的答案，或是为了向对方传递或施加压力，可用于了解客户针对某个问题的具体想法，确认或验证沟通过程中的假设、信息的真伪等。

因为封闭性提问通常暗含或预设了某些标准，所以容易让客户感到紧张，产生压力，甚至引发抵触与反感。所以，为了避免这种种的产生，封闭性问题通常需要与开放性问题进行交叉使用，并时刻关注客户是否有不适反应，及时进行调整或转换沟通方式。

经典提问：

◎ 你说的是这样……的吗？

◎ 对于这个问题，你的看法是……的吗？

（3）其他的问题类型

①定向型问题。

定向型问题是指为了获取特定信息而展开的提问。

通常定向型提问是在对方讲完后，针对其讲解的部分内容进行某个方向的深入探究和追问。主要有两个目的：一个对比和验证某些信息；二是搜集更多、更细节的信息。

经典提问：

◎ 还有吗？（引导对方继续）

◎ 针对……，你觉得如何/怎么样？（引导对方继续明示和确认信息）

◎ 我们有的客户认为这不是一个问题，为什么你会觉得可能有麻烦？

（借第三方之口，引导对方讲出针对某个问题的原因）

◎ 然后呢？（引导对方继续）

◎ 接下来发生了什么？（引导对方继续）

◎ 你的意思是……？（引导对方继续明示和确认信息）

②确认型问题。

确认型问题，也称控制型问题，通常是为了直接获取信息、答案，或为了验证某个回答是否真实可靠时使用。

营销工业化——绝对成交高阶技能

确认型问题通常意味着，提问的销售人员已经基本知晓了问题的答案，不是为了获取更多新的信息，只是为了验证或确认某些信息。因为确认型问题的信息验证和确认作用是基于信息比对实现的，所以，提问此类问题前，一定要确保自己已掌握足够的背景信息。

在提出确认型问题时，要重点关注客户反应，尤其是说话时的语气语调，以侧面验证信息是否可靠或准确。

经典提问：

◎ 你对这个问题（也）不确定？

◎ 你刚才提到……，我的理解对吗？

◎ ……，你说的是这个意思吗？

◎ 你的看法是……，对吗？

◎ 对于……，你真的是……认为的吗？

◎ 你怎么看……？（在基本掌握了对方可能的看法后提出）

◎ 你确定吗？

◎ 你怎么知道我们的……，可以更好地帮助你解决问题？

◎ 既然没有别的问题，我需要你提供……（进入成交模型）

③万能问句。

除了以上各种类型的问题外，其余还有一些非常经典的、具有很强适应性的提问方式，我们称之为万能问句。这些万能问句可以根据沟通的需要，穿插于销售沟通的全过程。一方面可以使沟通更为顺畅、自然，另一方面也有助于保持双方和谐的沟通氛围。总结列示如下：

◎ 你觉得如何/怎么样？（引导对方继续明示和确认信息）

◎ 还有吗？（体现尊重与倾听，引导对方继续）

◎ 为什么你这么关心……？（反问，探寻原因）

绝对成交
批量复制销售冠军

◎ 为什么你会这么问？（反问，探寻原因并争夺主动权）

◎ 为什么你会这么想？（同上）

◎ 为什么你会有这样的担忧/顾虑/不安？（反问，探寻原因，回复和化解异议，同时传达安全感和信心）

◎ 为什么你觉得/认为……如此重要？（反问，探寻原因）

◎ 你是怎么想/做到的？我怎么没想到？（认同和赞美对方，接近距离，同时引导对方继续讲）

◎ 你说的这个问题/这一点很重要，我能不能先了解一下基本情况，问你几个问题？（认同和赞美对方，接近距离，反问，重新掌握主动权，并引导沟通方向）

◎ 这是一个非常好的问题，很重要/很有价值！除此以外，还有没有别的？（接受对方的情绪，同时传递信心，迅速转移焦点并收集更多信息）

成功提问的关键

提问是销售跟进过程中销售人员了解客户想法、收集相关信息的重要工具和主要手段。收集到销售跟进决策和行动所需的信息依据，销售人员还要利用好信任和好奇心两大法宝。根据销售逻辑，销售人员首先要重点解决客户的信任问题。如果客户对销售人员的信任还没有达到能回答问题的程度，即使再精心设计的问题，也不能帮助销售人员向前推进销售进程。

同时，在提问的过程中，各种类型的问题需要配合使用：开场和销售接触的前期，要多提开放性的问题，通过开放性的背景问题，帮助客户打开自己，使其放松警惕，并在这个过程中收集必要的客户背景信息，了解客户的基本想法。一旦通过前期的"火力试探"收集到相关信息以后，就需要通过难点问题去挖掘客户的不满，并通过开放性、定向性的问题，尝试着去寻找背后的原因，再通过暗示性问题将不满、痛苦和危害进行放大，激发客户想要改变和调整的愿望，并通过示益问题帮助其看到解决问题的可能，强化其改变和行动决心。

在这样一个通过各种提问与客户沟通的过程中，要根据客户的反应进行调整和切换，避免单一类型问题问得过多，引起客户的警觉和反感，同时，在此过程中，要始终注意与客户保持互动，通过认同、赞美等促进信任。如果信任都不够，需要通过开放性的问题和认同动作来进行信任的强化，等客户放松以后，再继续进行提问。所以，整个销售提问的过程中，其核心在于必须帮助客户实现内心的波动。只有客户的内心发生变化，客户的感觉才会随之发生变化，需求才会产生，所以销售提问的关键还在于攻心。

9.3 如何实现绝对成交

客户痛点清单

（1）马斯洛需求层次理论的启发

马斯洛需求层次理论是对管理学界影响最为巨大的学说之一，常常被视为对人类需求问题的终极回答。

绝对成交
批量复制销售冠军

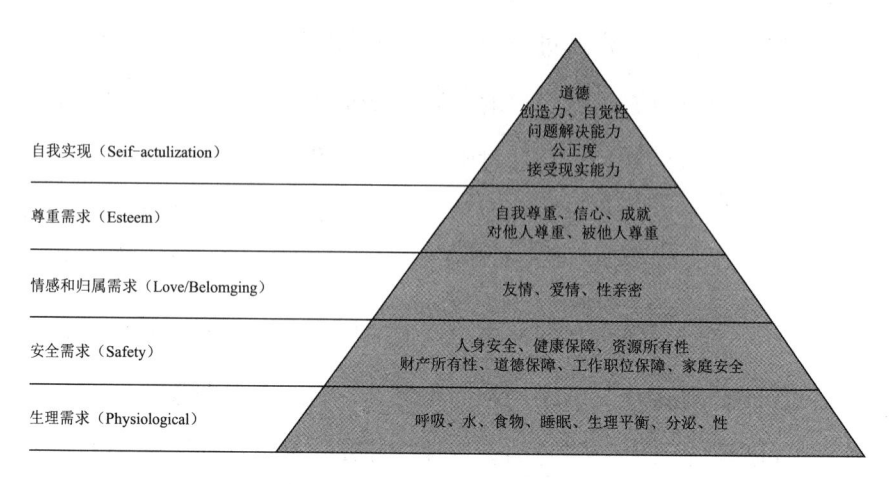

自我实现（Seif-actulization）	道德、创造力、自觉性、问题解决能力、公正度、接受现实能力
尊重需求（Esteem）	自我尊重、信心、成就、对他人尊重、被他人尊重
情感和归属需求（Love/Belomging）	友情、爱情、性亲密
安全需求（Safety）	人身安全、健康保障、资源所有性、财产所有性、道德保障、工作职位保障、家庭安全
生理需求（Physiological）	呼吸、水、食物、睡眠、生理平衡、分泌、性

该理论指出：人的需求是分层的，从生理需求、安全需求、社交需求，再到尊重和自我实现的需求，逐步提高。

从中不难发现，人的需求是从物质现实逐步回归和升华到精神追求的。这也给销售人员一个很大的启示：关于销售过程中客户的需求，答案不在产品和方案上，在人身上！销售应该聚焦于更高层面的精神需求，给客户和自己想象空间。所以，找到客户内心的精神需求，更为关键！

（2）什么是痛点

痛点是客户原本期望但始终没有得到满足而造成的心理落差或不满，痛点基于对客户需求与期望的深入而细致的理解。

需求：基础而明确的，可能是行业共识、常识或社会标准，构成客户的主要诉求。

期望：通常是内心潜藏的希望或个人标准，做到后会让人感觉非常愉悦，产生惊喜。主要是情感体验！

没有痛点与诉求，就没有成交机会！

（3）常见关键人痛点清单

为了帮助销售人员实现集体智慧的共享，加速销售团队的成长，<u>企业</u>

可以根据行业和企业特点梳理关键人痛点清单，格式如下：

销售SOP：关键人痛点清单					
序号	常见关键人	需求/痛点	原因	主要影响	能力（我们的解决之道）
1					
2					
3					
4					
5					
6					
7					
8					
9					
10					

常见关键人：指在客户接触过程中对决策链条有重要影响的各个岗位、职位的角色（个别客户需要对应到具体的人员）。

需求和痛点：指常见关键人共性的问题、担心和期待。通过对把销售团队成员对于客户问题的理解整理成为一个标准，从而形成一个完整的销售工具包。

原因：指客户的痛苦和需求产生的根源。从个人和组织两个层面去找思考和寻找答案。

主要影响：则是指如果痛点和需求不解决对客户会意味着什么。这个部分总结的目的是为了帮助销售人员在做客户需求探寻时做到心中有数，有意识和有能力引导客户需求导向我们的产品或方案优势。

关于能力的部分，则是指我们用什么样的方式来解决客户这些需求，属于行动武器库的范畴。

绝对成交

批量复制销售冠军

案例参考：某培训机构的关键人痛点清单

销售SOP：关键人痛点清单

序号	常见关键人	需求痛点	原因	主要影响	能力（我们的解决之道）
1	本人	①没有钱。②没信心/考不过。③没时间。④自考效果差。⑤想不学拿证。⑥择校择专业纠结。⑦贵。⑧没氛围/没人一起学。⑨自己管不了自己，不够自律。⑩家长不支持。（背景问题得出需求痛点）	①经济不独立/托词/不想报/决心不够。②基础差不了/通过率低/自我设限。③托词—不想学习/决心不够/紧迫性不够。④学习方法不好；针对性不够；不好；没毅力；缺少督促。⑤不明真相；没有紧迫感；逃避某种压力化。⑥目标不明确；被别人误导；缺少指导；受别人影响。⑦不值/不认同/不够急迫。⑧不独立/不成熟/有依赖性没有安全感。⑨不够自律；身边环境不够好；没有人引导学心。⑩不够独立；没有主见；没有跟家长沟通到位；托词；意愿不够。（从背景性问题中得出可能的原因）	①啥都干不了；会一直没有钱；升不了本证。②迟迟做不出行动；迟迟拿不了证；焦虑纠结；容易上当受骗。③一直拿不到本；不了了之；错过更多机会。④浪费时间；考试挂掉；打击信心；影响心情；造成阴影。⑤迟迟拿不到证书；上当受骗；会放弃。⑥浪费复习时间；没有针对性复习；没有方向；行动迟缓；忘记目标。⑦下不定决心；遇到好的容易错过；预期不对（不合理）。⑧迟迟不行动；确定不了。⑨浪费时间；没进步；缺人关心。⑩升不了本；梦想实现不了；人生自己说了不算；妈宝；前途受阻。（困难点问题给出主要影响）	①反问该怎么办；让对方发觉得是自己问题，要解决；立即行动；给信心；肯定赞美。②了解需求做分析；给案例；开玩笑；给流程。③鼓励他现在就行动，举例子；让他有憧憬。④反向暗示性问题（这样下去你能接受嘛）；解决——理解你这种心情，之前是可以松，找专业的人机构。⑤认同——理解你这种心情，开玩笑的，但是现在不能了。⑥了解情况，确定主要目标——专业院校，提供指导性意见。⑦为什么你觉得贵；是为未来梦想给希望；放大需求给希望。⑧给出解决方案，我们有可以一起学习的小伙伴，有良好的学习氛围。⑨我们的班主任关心，有专业的人机构吗？⑩反向暗示性问题（要不要把人生拉回自己的手里）；拉家长来面谈。（用暗示性问题处理需求痛点得出解决之道）

228

九宫矩阵诊断成交模型

所谓九宫矩阵诊断成交，是在客户承认痛苦或问题的前提下，销售人员通过综合运用销售接触逻辑和提问技巧，对客户进行诊断并在此过程中将己方理念、产品与服务优势等与客户已有痛苦或问题的解决方案（办法）建立起巧妙关联，从而实现将我方的解决构想根植于对方头脑或印象中的销售模式。

该成交方法采用类似于医生问诊的模式，通过三种类型的销售提问实现对三类客户信息的收集，帮助客户认清问题背后的原因及影响（现实和潜在的），并对此进行反复确认，从而强化客户对于自我现状不满的感受，激发其内心寻求解决的欲望与设想。

在此过程中，通过设计围绕自身优势及解决方案的问题，引导客户建立有利于展现己方优势的判断标准（解决方案好坏的判断依据），从而影响客户关于什么是对的、什么是好的判断感觉。

在此销售沟通的过程中，形成九个标准的销售沟通递进环节，从而实现销售于过程。其中，这些沟通递进环节形成了类似于九个宫格的形式，故名九宫矩阵诊断成交。如图示：

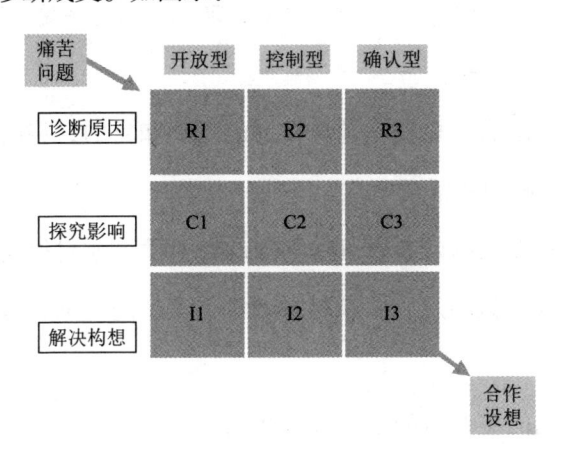

	开放型	控制型	确认型
诊断原因	R1	R2	R3
探究影响	C1	C2	C3
解决构想	I1	I2	I3

痛苦问题 → / 合作设想

绝对成交
批量复制销售冠军

九宫诊断成交模式的核心目标只有一个：将自己做成客户的首选，即只要客户想解决问题，第一个想到的人就是你！

此方法可用于应对相对复杂的购买情形，特别适用于相对复杂的业务类型，通常是销售高手惯用的"套路"。如用于简单的购买决策则可使成交变得更为容易。

（1）九宫矩阵诊断成交的构成要素

九宫矩阵诊断成交的构成要素包括：

◎ 起点：经过客户自我确认或承认的问题与痛苦。

◎ 从销售人员出发的三类问题：开放型、控制型和确认型问题。

◎ 与客户相关的三类诊断信息：问题与痛苦产生的原因、影响和问题解决后的好处。

◎ 终点：解决方案与合作设想。

①起点：问题与痛苦。

九宫矩阵诊断成交的起点是从客户承认或确认的问题与痛苦开始的。

诊断成交的两个基本假设：

◎ 只有存在相对明确的问题与痛苦，才有解决的需求。

◎ 所有的答案均存在于客户的内心，所以提问是关键。

②销售：三类问题。

从销售的角度看，根据问题涉及到的范围和目的，将问题分为三种：开放型、控制型和确认型。

开放型问题涉及的内容没有特别强的针对性，相对很笼统，回答问题的范围不确定或不做圈定，回答起来通常不是一两个词就可以的，需要一系列的解释和说明。

开放型问题的主要目的是让客户放松警惕，放下戒备。这在销售沟通的前期尤为重要，也是破防的基础。如果销售人员能提出具有同理心、开放且真诚的问题，就能让客户感到放松、自在。在这样的条件下，有利于客户打开话匣子，方便销售人员收集到相对真实、有效的信息！

开放型问题的缺点：销售人员需要暂时先"放弃"掌控权，让客户"自由发挥"。因此需要销售人员具有一定的话语回收能力，否则就容易被客户带领节奏，甚至被带到远离自我的认知能力范围之外，而使销售沟通无法继续。

针对很多销售人员类似的担心，我们准备了万能回收句以应对这种担心。无论客户说什么，销售人员都可以通过反问回收控制权：

◎ 为什么你会这么想？

◎ 你是怎么考虑的？

◎ 真的是这样吗？

控制型问题基本等同于封闭型问题，指的是涉及的内容很明确，范围比较固定的一类问题。它通常要求回答者在给定的范围内给予明确的回答。

控制型问题在诊断成交过程中的主要目的：缩小沟通范围，引导沟通的方向，聚焦双方的注意力，或收集或验证，主要用于寻求特定领域的特定信息。

这类提问有助于诊断、指引和发展客户的合作构想，引起客户的关注，同时客户会感到压力和不自在。因此，在提问此类问题时，语气要尽量放松，一旦感知到对方有不自在或抵触情绪，要注意适当转移话题，用开放型问题进行转移和化解。

确认型问题主要是用于总结对客户前期回应和信息的理解，以确保客户与销售人员的沟通步调一致。这是一个客户影响和说服自己的过程：即"自己"说出来的，就是某种承诺，因此会有压力和动力去保持一致。

绝对成交
批量复制销售冠军

此外，确认型问题还可以让客户知道销售人员了解自己的现状和想法，体现销售人员的专业水平，从而增强信任。

在这个过程中，销售人员要学会提炼客户的观点（从对方的观点中找出与自己相关的部分），并有意识地加入己方的元素（如销售方的优势与特点等），从而实现求大同存小异的沟通目标，以确保客户认同和确认相关的观点与结论。

经典表达：

◎ 据我理解，你是说……，我的理解是否正确？

◎ 你刚才的意思是说……，是这样的吗？

◎ 你是指……吧？

◎ 那我这样理解，……，对吗？

③客户：三类信息。

◎ 诊断客户问题与痛苦背后的成因（内心真正的诉求与不满）。

◎ 探究问题与痛苦的现实和潜在影响。

◎ 探讨和设想如何解决问题或双方如何达成合作。

所有的提问不一定要按顺序开展，需要在其间根据情境及时调整，灵活运用，但应覆盖这些内容和信息。这是形成合作设想与共识的基础。

④终点：合作构想。

诊断不是目的，收集与验证信息也不是目的，让客户内心形成愿意解决问题及如何合作的设想和愿望，才是我们想要的结果。

所以，这个合作构想形成的过程，不仅要激发客户内心想要解决问题的意愿，还要将自己的优势与特点预设于对方判断的标准之中，从而在不断收集、验证和确认信息的过程中，实现将己方的设想"预埋"于客户内心，从而让自己成为首选的终极目标！

（2）如何进行诊断成交

①标准步骤1：诊断问题（现象）背后的原因。

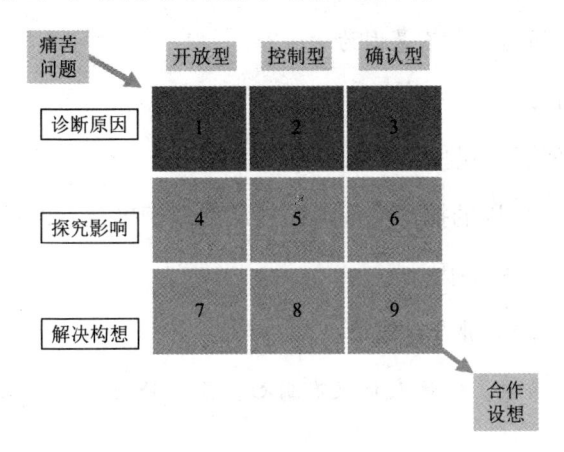

	开放型	控制型	确认型
诊断原因	1	2	3
探究影响	4	5	6
解决构想	7	8	9

（痛苦问题 → 诊断原因；解决构想 → 合作设想）

宫格1：开放型问题+诊断原因。

销售接触过程中，在客户承认问题与痛苦后，销售人员不能停留于此，要继续展开对于背后原因的探寻。

经典提问如下：

◎ 是什么原因让你无法接受……？（问题或痛苦）

◎ ……问题/困扰的原因是什么？

◎ 为什么你会这样想？

◎ 还有其他的原因吗？

这个过程中，客户可能会提及好多信息，重点要放在找到客户内心的"小不满"上。这是激发需求的起点，也是本阶段最重要的目标。

宫格2：控制型问题+诊断原因。

在初步了解到客户的基本想法后，接下来要试着缩小范围，评估痛苦程度，同时对客户所说的进行确认，真的是这样的吗？真的是这样想的吗？

绝对成交
批量复制销售冠军

经典提问模式如下：

◎ 这个痛苦让你付出什么代价？

◎ 这个（问题）是不是因为……？

◎ 还是因为……？

宫格3：确认型问题+诊断原因。

对问题背后原因的探寻完成后，还应终结于确认，即只有经过客户确认的原因，才是真的原因。

这个过程中的关键点有两个：

◎ 让客户感觉：销售人员很有耐心，愿意聆听细节，愿意探讨各种原因及想法。

◎ 让客户相信：销售人员真的非常了解他的问题，非常理解他现在的状况或状态。

经典提问模式如下：

◎ 那么，根据我的理解，你痛苦/你认为问题背后的原因是……，对不对？/是吗？

◎ 所以，你之所以有这个担心或问题，是由于……，对吧？

◎ 我特别理解你了！你的想法是……，是吧！

◎ 你之所以认为……是个问题，是因为……，对吧？

◎ 在你看来，你的……痛苦是因为……，是吗？

这个阶段销售人员要通过客户讲出"原因"，以实现客户的自我确认，并让客户感觉到，销售人员很愿意与客户一起探讨问题背后的原因，甚至愿意帮助自己解决问题，就像一个好朋友一样热心和体贴，从而建立和递进双方的信任关系。

这一点至关重要！

②标准步骤2：探究问题的影响范围与程度。

宫格4：开放型问题+探究影响。

在完成对客户问题与痛苦背后原因的了解和确认后，销售人员还需要继续对问题给客户造成的影响进行全面的强化和确认。

首先要通过了解客户的内部关联，包括决策链条、内部人际关系、相关的机制如公司的考核政策等，扩大问题对于客户的影响面和影响深度，并引导客户设想可能造成的长期危害与影响，从而放大客户的痛苦，增强解决问题的紧迫性，让客户感觉或认识到问题已处于不得不解决的程度。

经典提问模式如下：

◎ 请问除了您以外，公司还有谁会受此影响？比如……

◎ 他们是如何受到影响的？能举例说明一下吗？

◎ 其他人（部门）受到这么大的影响，会对你有哪些想法？

◎ 除此之外，还有没有别的影响？

◎ 如果不解决，会怎么样？

◎ 这个问题的长期影响是什么？

◎ 除了这些，还有吗？

宫格5：控制型问题+探究影响。

在引导客户讲出问题可能造成的影响后，销售人员要进行范围缩小，帮助客户形成注意力聚焦，即将关注点聚焦于影响上。

经典提问模式如下：

◎ 如果这个（问题）存在，除了……是不是（其他）……也面临……类似影响？

◎ 还会涉及到谁？他们会怎么看你？

◎ 你本人怎么看待这些（看法、观点）？

◎ 长期的影响在你看来都是什么？能具体点吗？为什么？

◎ 除此之外，还有吗？

在探究影响过程中的控制型提问，其主要目的是确认客户内部的相关关联，为后续跟进收集信息。

宫格6：确认型问题+探究影响。

在完成对影响客户相关信息的收集后，销售人员接下来要对此与客户进行确认。

经典提问模式如下：

◎ 根据我的理解，我们所讨论的（问题和痛苦）不仅对你造成了影响，也对……造成了影响！我说的对不对？

◎ 是不是我们可以这样理解，……（问题）不仅影响了你，还给……也造成了……影响/危害，对吗？

◎ 据你所讲，这些……（影响）还让别人对你产生了……（负面的、不好的看法），影响了你（在乎的）的……？

◎ 按你的说法，其实长期来看，还有……（更大、更严重的影响），是吧！？

这个环节的关键是，销售人员一定要重述痛苦，强化负面影响（聚焦注意力）的同时，让客户"亲口"承认（加深其痛苦），以确保给客户一种感觉：销售人员是站在客户的立场上在看问题，并帮助得出了相关结论，只是在像一个好朋友一样在帮忙而已。

所以，经过该阶段后，客户的自我感觉是：问题是自己的，而且很严重！

③标准步骤3：形成解决构想与合作设想。

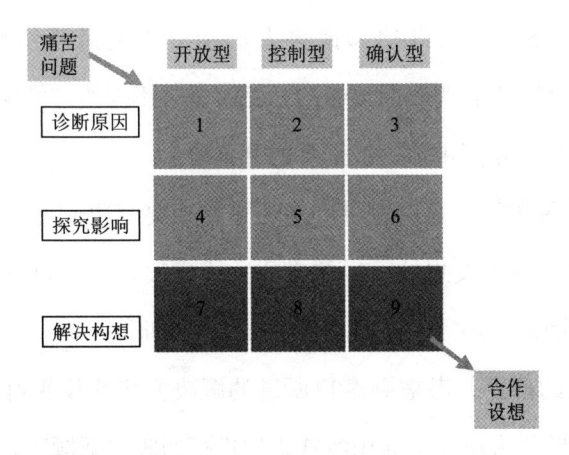

	开放型	控制型	确认型
痛苦问题 →			
诊断原因	1	2	3
探究影响	4	5	6
解决构想	7	8	9 → 合作设想

宫格7：开放型问题+解决构想。

在完成了对问题原因及严重性的确认后，销售人员要带领客户进行寻找出路的新征程，并帮助客户看到解决问题的希望。

经典提问模式如下：

◎ 那么，为了避免……影响，请问你准备怎样办呢？

◎ 之前有没有做过哪些尝试？结果如何？/效果怎么样？为什么呢？

　　（肯定不好，但也必须问！）

◎ （如果没有采取过措施）那现在你是怎么考虑/看的呢？

◎ 你的设想是什么？为什么你会这样想？为什么这样会有效？

绝对成交
批量复制销售冠军

◎ 还有别的吗？

这个阶段的关键：假定客户是想要解决问题的，并引导客户去设想解决方案，听取客户关于如何解决问题的想法，从而让客户把问题视为己有，承担责任！所以，此阶段的沟通销售人员要帮客户形成一种感觉：采取行动（改变）措施，不是为了销售人员好，而是为了自己好，因此应该采取某种（些）行动！

宫格8：控制型问题+解决构想。

一旦客户想要采取行动，销售人员千万不能急于给出所谓的"答案"，即便在客户没有明确而清晰的思路时，也不要给"结论"。

这个环节通常是高手与一般选手的分水岭！

销售高手通常懂得客户此时可能还只是想要解决问题，但并不代表客户一定会采取和自己设想的一样的方式（或方案），客户可能还有其他的想法或问题。因此，还需要进一步进行探寻和验证。

在此阶段的前期，考虑到客户所讲的解决方案或设想可能与我们的优势相去甚远，销售人员要学会用特殊语句进行回收"话题"。

从开放向封闭的万能转折：

◎ ……，我觉得你讲得特别有道理！

◎ 我特别理解……（心情、所讲的核心内容如能提炼的话）！

一定要学会先认同和赞美对方，让对方放松警惕！然后问：

◎ 为了更好地理解你所讲的，我能不能提几个问题？

通过这样的转换，销售人员就可以轻松实现对销售沟通主导权的重新控制。

经典提问模式如下：

◎ 那如果……，或者……，这样怎么样？（把自己的答案融入其中，

试探客户的想法，观察对方的反应）

◎ ……，会不会/有没有帮助呢？

◎ 你觉得……，是如何起到作用的呢？（留意与自己观点相通或相同的部分，以便后续寻求双方的共同点）

◎ 还有没有别的解决……的可能性/办法？比如……（引导和提醒客户，并把自己的想法、观点及优势等融入其中）

◎ 万能句：为什么你会这么想？

这个阶段的关键是，帮助客户建立有利于双方达成共识的好坏标准，尤其是在帮助客户建立什么是有效、什么是好等标准时，销售人员要在客户设想解决方案时，有意识地融入与我方的解决方案及优势。

这里有一个很重要的假设：客户最终形成的任何不对或不好（不利于我方）的结论，都只是因为客户认知上的偏差或缺失，即客户不知道正确或好（有利于我方）的标准是什么。如果销售人员能够帮助客户认识到其认知的不足，客户会乐于接受。

因此，优秀的销售人员懂得如何帮助客户扩大认知的边界，通过各种方法和技巧给客户一套"正确"的标准。他们会通过营造有利于沟通的氛围，建立起双方足够的信任后，然后引导客户思考并在此过程中悄然植入自己的标准，从而影响其判断，帮助客户形成与自己一样的看法与结论，从而看到一样的风景。

当然，这个过程中销售人员必须要回归帮助客户的初心，并保持对自己、公司及产品方案的绝对信心：即我们的就是最好的！这是一个信心传递的过程，对客户接受相关影响起到了至关重要的作用。

宫格9：确认型问题+解决构想。

这是诊断成交模式的收官阶段！在该阶段，销售人员关键要把产品或优势预设进提问中,即在与客户"共同"总结和确认相关解决设想时,加入一部分自己对于公司、产品或解决方案优势的理解(与先前预设的"正确"标准保持一致)。

经典提问模式如下:

◎ 那么,根据我的理解,如果……时,若能……,就能解决我们所讨论的问题。我说的对不对?

◎ 如果……,那就……,这样就能解决你的问题/担忧了,是 这样的吗?

◎ 根据我们的沟通,针对……,如果……,就能让你满意/安心/不再担心……,是这样的吗?

就是通过这样的销售递进,客户已能够设想他使用你的产品与服务,来解决自己的问题。

通过这样的沟通过程让客户感觉:销售人员只是帮自己"找到了"正确的认知而已,所有的问题真的都是自己的问题。所有的答案也都是客户自己给出的!

没错!大功告成!

为什么说诊断成交是终极销售利器

通过九宫诊断成交的整个沟通与递进过程,我们不难发现:从诊断问题(现象)背后的原因到激发和探寻问题可能造成的影响与危害,再到形成解决构想与合作设想的整个过程,尤其是在完成对问题或痛苦对于客户影响的了解与确认后,销售人员在与客户探寻解决之道时,还悄然植入了己方的标准,实现了对客户关于解决方案"好坏"判断的影响,全程全无销售的痕迹。

附表

九宫矩阵诊断成交的系统思考逻辑

诊断纬度	销售纬度							
	开放型问题①		控制型问题②		确认型问题③			
	典型问题	思考逻辑	典型问题	思考逻辑	典型问题	思考逻辑		
① 诊断原因→问题背后的原因才是需求的起点	为什么你这么关心这个问题	让对方放松警惕主要了解：为什么会这样？对方怎么想的？更关心什么	你有这样的问题，是因为A还是因为B	将开放型问题中搜集的信息进行聚焦和缩小范围，拉到跟我们业务相关的内容上	据我理解，你的意思是/你的原因是/你更关心……	让客户自己说出自己的原因；说出=承认		
	为什么你会提这个问题呢		这几个问题，你更关心哪个		根据我们讨论的结果，你更在意/关切/关注……			
客户纬度	是什么原因让你了解这个问题		以上你所说的这几个问题，你最关心的是A和B，对吗		所以，你认为A/B/C更重要，对吗			
	为什么你会有这方面的顾虑呢		为什么你更在意A/B/C					
	是什么原因让你产生这种想法呢		为什么你这么想/看					
	除了这些，还有吗							

绝对成交
批量复制销售冠军

续表

<table>
<tr><th colspan="2" rowspan="2">诊断纬度</th><th colspan="6">销售纬度</th></tr>
<tr><th colspan="2">开放型问题①</th><th colspan="2">控制型问题②</th><th colspan="2">确认型问题③</th></tr>
<tr><th></th><th></th><th>典型问题</th><th>思考逻辑</th><th>典型问题</th><th>思考逻辑</th><th>典型问题</th><th>思考逻辑</th></tr>
<tr><td rowspan="4">客户纬度</td><td rowspan="4">②
探究影响
↓
放大痛点，增强紧迫感</td><td>出现这个问题，会给你造成哪些影响呢</td><td rowspan="2">提高问题严重性，让他认为是他的事</td><td>如果这个问题不解决，会给你带来A和B影响。为什么会这样觉得</td><td rowspan="4">进一步强化对方所讲出来的影响、阻碍等，因为这个是对方认可的真理。</td><td>据我理解，这个问题不解决会给你带来A/B/C这几个影响</td><td rowspan="2">对影响进行拔高，进行添油加醋。</td></tr>
<tr><td>不解决，对你会怎么样嘛</td><td>是不是会给你带来其他的影响/问题，是不是会阻碍个人的发展？目标的实现？真的是这样吗</td><td>确认一下，这个问题不解决，对你影响最大的是A和B，对吗</td></tr>
<tr><td>除了这些，还有没有其他的影响？比如说</td><td></td><td>这个问题不解决，是不是会在A/B/C方面影响到你？影响会什么这么大</td><td>还会给你造成……</td><td rowspan="2">让对方难受，促其做出改变</td></tr>
<tr><td>除了这些影响，你的家人、生活、工作会不会造成什么影响啊</td><td></td><td>为什么觉得会给你带来A和B这样的影响？真的是这样吗</td><td></td></tr>
</table>

242

续表

销售纬度

客户纬度		开放型问题①		控制型问题②		确认型问题③	
		典型问题	思考逻辑	典型问题	思考逻辑	典型问题	思考逻辑
诊断纬度③ 解决构想→围绕希望给出路 解决问题的解决给希望和出路		你要怎么解决这个问题	让对方觉得是自己的问题；引导对方找出路，引导对方给出思路，引导想办法	关于这个问题，你计划通过A/B/C来解决，为什么呢	引导客户去设想：我们的可以做到；	那么，……根据我的理解，采取A/B/C就能解决我们今天讨论的这个问题	帮助对方看到解决的可能性和实现目标的希望；
		那你想过哪些解决办法		为什么你认为会有效呢		如果我采取这些措施，就能顺利……解决那些问题	
		那你有哪些方法来解决这个问题		如果采取A或者B或者C的解决办法，会不会更有帮助呢	引导看到我们的优势；引导对未来的憧憬和期待	根据我们刚刚聊的，通过A或者B就能实现……的目标，是这样吗	把自己的产品或优势融入其中
		还有吗？为什么你会这样去做		如果……那会不会对你有帮助？会不会更好？会如何呢		所以，……就可以解决你的问题，是吗	
		如果……你会怎么办呢					

243

销售人员在不断深入的提问互动中，通过不断与客户反复确认，实现有效销售接触的层层递进，步步为营。销售人员只是在回归使命和初心的过程中，保持信心的同时帮助客户自成目的，即销售人员永远是在利用客户认知的基础上实现N+1的认知超越。

所以，从这个意义上，销售人员只要能够熟练掌握该模式，无论遇到什么样的客户，均可实现遇强则强、遇弱更强的"无敌"境界！

因此，我们称之为销售人员的终极销售利器！

9.4 常见客户沟通难点的应对

在咨询实践的过程中，很多销售人员存在一些共性的销售沟通难点。事实上，在我们看来，这些共同难点的背后其实是认知（假设）的偏颇。所以，为了更好地帮助各个行业的销售精英打开认知的边界，在此对典型的问题进行系统整理，以供大家参考。

提问过程中有什么要注意的点

请记住：提问不是目的，与客户互动并建立交情才是关键！

向客户提问时不要只是一味地提问，而是要在客户回答问题的过程中，与客户积极互动，提问的目的是收集信息，并且观察对方的反应。前期多提一些开放性问题，降低对方参与和互动的门槛与难度，也有利于让对方放松戒备，打开话匣子，才能更好地减少距离感，产生互动。

当客户提及尖锐和敏感问题时，客户此时最需要的其实是信心，要增强客户的信心，这样才能够让客户感到安心。所以，此时销售人员应底气足一些，如果不是已经发生的问题，只是担忧，则可以面带微笑耐心听对方讲完，回应："你提的是一个非常好的问题，很重要。除了这个以外，还有没有别的？"

所以，销售人员在此过程中应学会传递信心，让客户感到安心之后，才会愿意和你继续交流。

与客户观点不一致怎么办

很多时候，客户提出的观点我们是不认同的，甚至与我们的价值理念背道而驰，此时不要急于做出评判，先要转换角色，站在客户的角度来思考：客户这样思考的原因是什么？

此时，求同存异，保持学习者心态很重要！

其实，大部分时候观点（观念）的差异或不同，并不必然会对双方的合作造成负面影响，需要的是销售人员面对的态度与勇气。

表达立场，甚至相互博弈，都不是目的，我们要追求的是最后求同存异实现合作的结果。放下情绪，开放面对！

参考回应：

◎ 嗯，我特别理解你所说的！

◎ 你说的我感同身受！

◎ 如果是我，我也会这样想/有这种感觉/担心！

◎ 所以，我特别想听听你为什么这么说/认为？

◎ 是不是还有其他的什么原因/可能？

绝对成交
批量复制销售冠军

面对异议或敏感问题

对客户提出的问题，尤其是异议，一定要做到及时回应，但不一定是回答。客户提出问题首先表明了客户的关注点，必须用认同来加以回应。

这是非常好的利用客户好奇心的机会。

当问题不好回答，或对我们"不利"时，销售人员需要转移客户的关注焦点，尤其是当客户的提问不是其利益最大化的角色应该关注的点时，更要如此。

参考回应：

◎ 你提的这个问题/这一点很重要，我能不能先了解一下您的基本情况，问几个问题？

◎ 除了这个问题，是否还有其他的问题？

通常，此时客户讲出来的更可能是其真正关心的，或问题背后的真正原因。

如何面对质疑、不信任或抵触

客户质疑的方式有很多种，背后的原因大体类似。比如：

◎ 你们在当地有客户吗？（外贸或项目类的客户）

◎ 你们是不是在某个地方出了质量问题/事故？

◎ 你们的东西质量不行啊！我感觉……比你们好！

事实上，客户提出这些问题的背后，很可能只是表达一下观点，测试销售人员的反应，或是仅仅表达其不信任和隐形担忧。

这很可能是成交的信号！

然而，一般选手在面对这样的客户质疑时，就常常会被客户带进去，做出过激反应，包括用各种方式证明自己、刷白自己，甚至与客户辩论！

参考回应：

◎ 你提的这些问题，确定非常难回答。为什么你会这样问？

◎ 除了这些，还有没有别的？

◎ 嗯，我理解了，其实您是担心……/对我（们）还缺少一些信心/还是有顾虑，对吧？

面对此类客户反应，最重要的是不能做出过激反应！

销售是信心的传递，无论客户说什么，先认同。所有的质疑都不过是客户的信心不足，所以通过销售人员的行为向对方传递信心即可。

对客户的反应做出回应，但不一定要回答，此时需要的是通过反问转移客户的注意力，并向自身的优势转移。

我们有一个做外贸脱毛仪器的客户，他们的客户经常会问业务员一个问题：你们在当地有客户吗？以前他们的做法是想方设法找客户见证，但是一旦没有，或有时当地的客户不配合，就不知道如何是好。

所以，我们建议业务人员反问一下客户：为什么你这么想找一家咱们当地的客户呢？

通常客户会说出背后的原因：我不知道质量怎么样？机器坏了怎么办？我不会操作……

原来客户其实并不是真的想去看看你的客户！

在线沟通有哪些技巧

线上与线下沟通有各自的特点。

共同点：两种形式的沟通双方都可以感知彼此的情绪。

不同点：线下的互动可看到对方的表情和肢体语言，这里面包含更多的信息；而在线沟通是通过屏幕实现互动的，摆脱了部分空间和时间的约束，有更大的想象空间，可以创造更多的互动和接触机会。

因此，在线沟通可以使用更多的小技巧：

◎ 招呼要简短、热情（开放、放松）。

◎ 聊天多用夸张一些的表情去丰富沟通内容，放大情绪：大哭、大笑、捂脸、天使等。

◎ 多称呼对方的名字，增加亲切感。

◎ 少说多问，时刻的去认同和赞美客户。

◎ 对方输入时，等待对方输入完毕后再跟进。

◎ 不发大段文字、链接等不可控的内容，会分散客户的注意力，引发不必要的麻烦。

◎ 主动创造更多互动的机会：在网上、生活中遇到了跟客户相关，或客户可能感兴趣，或对客户有帮助的素材、话题等，可以热情洋溢地大胆向客户分享，看对方的反应。

◎ 围绕客户的朋友圈不能只点赞！要换个角度发表与众不同的见解，引起注意！

◎ 随时认同、赞美客户，把客户夸成你想要的样子。

沟通如何收场

每一次与客户沟通的结尾，都要为下一次的开始做铺垫，让下一次的沟通更加顺理成章，且不突兀，而且带有话题和关注点。这一点很重要！

同时，要学会设定下一次沟通的时间节点，2天后或是一周后，在这个间隔时间不是静默的等待，而要保持关注和联系，放慢节奏，增加接触的次数。

参考做法1：

◎ ×总，下次方便的时候，我再给您带点茶叶（给客户送完小礼物后）。

◎ ×总，上次那个茶叶你感觉怎么样？……，您喜欢，那太好了！我正好又弄到了一部分，您给我来个地址吧！我给您寄过去……

参考做法2：

◎ ×总，您看这样，您先考虑一下，这个事情确实不能着急。我们明天下午再通一个电话，好不好？

当然，这个过程中，还可以继续锁定具体时间：

◎ 那14：00或者是16：00，您看哪个时间更方便？

而且，在接触沟通后可以通过短信息或是微信，进一步进行互动，强化双方良好的感觉与和谐关系。

10

营销工业化——绝对成交销售管理

10.1　个人成长工具系统

10.2　客户档案——客户经营的起点

10.3　客户管理的销售漏斗

10.4　客户跟进导航——客户关系递进工具

10.5　如何开展销售团队的日常管理

10.1 个人成长工具系统

人在处理问题时通常要靠两样东西：第一种叫作本能反应，即不需要思考，马上就可以做出反应的能力；第二种就是思考，即遇到外界刺激后经过现场思考，然后做出判断再行应变，这样会显得很慢。前者是刻意训练的结果，即通过持续的训练不断扩展认知的边界，形成所谓的常识（common sense）。常识之内就不需要现场思考，或者说大脑会懒得思考而直接给出反应。各行各业的高手，在关键时刻基本上都是靠这个。

个人成长训练系统工具，就是要通过系统训练帮助销售人员建立快速反应的本能。

个人成长训练工具

个人的成长需要持续进行训练，因此离不开工具的使用。

个人成长训练工具其实也是一个帮助销售人员提升自我认知能力的训练工具。它既能实现对于业务开展的思考，同时也可以帮助销售人员不断地扩大自己的认知边界。

绝对成交
批量复制销售冠军

营销工业化——个人成长训练日志

姓名		部门		小组		
本周核心目标				进展		
1、				滞后	正常	超越
2、				滞后	正常	超越
3、				滞后	正常	超越
4、				滞后	正常	超越
5、				滞后	正常	超越
行动计划						
今日营销行动			行动结果			
			存在的问题			
个人总结						

说明：周核心目标指本周工作主要目标及成果定义，需每天对目标完成情况自评（估算达成百分比），对其进度进行评估；

今日营销行动：指当日为推动计划目标实现采取的举措与行动；

行动结果：当事人采取行动后结果有否发生变化及发生了哪些进展，要求明确具体、可检查、可衡量；

个人总结：个人通过行动和总结后的感想与收获，要做到有感而发，并有改进的行动与计划。

为了更好地帮助销售人员实现持续成长，我们设计了一个围绕目标行动，持续扩大员工认知边界的成长训练工具。该工具的主要构成部分为6个部分：

（1）周目标

围绕一周的时间周期设定的行动目标。

通过近20年的企业管理和咨询实践，我们发现大部分成长型企业真正能执行到位的还是周计划。月计划对于很多企业而言，时间周期太长，期间太多的不确定性，常常导致计划的执行率很差。日计划又太短，缺乏必要的灵活性，更适用于工作内容相对确定或单一的工作岗位。

回到销售业务的层面，销售人员每天要面对的不确定性和现场变化往往更多，因此需要目标设定的模式既具有一定的前瞻性，又要兼具灵活性。所以，我们在销售人员的成长训练工具中，设计了周（行动）目标。通过对短期目标的锁定，将员工的时间聚焦于当前最重要的客户和工作上，同时又给予销售人员足够的自我支配时间的机会，这既符合销售人员的工作特点，又可通过聚集目标的思维训练，帮助销售团队实现业绩的提升。

周目标的具体内容可参考战略目标的5大构成设定：销售目标、利润目标、市场目标、客户目标、团队目标。

围绕这些目标的实现，本周行动目标是什么？大体可分为以下5类：

◎ 市场行动目标

◎ 重点客户跟进目标

◎ 客户数量递进目标

◎ 团队、个人成长目标

◎ 其他阶段性重点工作

（2）行动计划

围绕一周的核心目标准备如何展开工作而设定的行动规划，将未来要开展的工作进行提前的思考，从而帮助销售团队在行动前进行有效的提前思维演练，提升实际行动时的有效性。

这个行动计划是提前的设想，即希望销售人员在开展工作时，能提前思考与哪些客户接触/如何开展业务等，并在自己的内心进行不断地预演。这种预演的价值巨大，销售人员一方面可以完善思路，另一方面可以帮助销售人员增强信心，变得更为坚定与自信。因为所有的内容都是事前反复思考过的，所以就不会像初次遇见一样不确信或担心害怕。

这个部分的内容哪怕与实际情况不一致都没有关系。它最大的价值是通过"脑内体操"的意想方式，帮助其不断完善思路，训练销售人员的信心和反应能力，从而在实际跟进的过程中变得更从容而高效。这也是加速提升销售人员销售思维的重要途径和工具，用训练减少时间投入，缩短成长时间。

（3）营销行动

指根据周工作计划，围绕目标采取的实际行动，即为了实现今日之工作目标，我做了哪些针对性的行动。

它不是简单的对一天工作的罗列，而是围绕目标采取的针对性行动的系统梳理，在总结的过程中促进销售人员进行自我反思：今天的行动真的对目标有帮助吗？一方面可以提升其总结的能力，另一方面还可以训练销售人员的工作思路。

（4）行动结果

总结营销行动的结果和取得的成果：目标实现了吗？客户的反馈如何？

如果是量化的目标，就直接用数据进行呈现，可以很直观地让销售人员看到自己的差距或进步。

这是一个目标—行动—结果的直接反馈过程。对销售人员的行动有效性进行反馈，帮助销售人员进行自我的行动总结。

（5）存在的问题

通过对成果的反馈，销售人员根据先前的目标/行动计划及当前的实际情况，寻找出差距，总结行动过程中不完美或不足的地方。

（6）个人总结

个人总结就是对一天的工作进行一个整体的总结，可以是业务技能方面的，也可以是过程中的教训与经验，最终要回归到对自我内心信念的暗示和强化上。即要回归内心，从就事论事中跳出来看一天的销售行动，以帮助自己不断进步。这才是更大的价值！

需要说明的是，成长日志不是简单地把每天的行动计划记录下来，而是要帮助销售人员通过总结，迅速找出自身存在的问题和原因，并及时进行调整，然后再不断行动和总结的自我精进之道。

敌人机制工具

个人学习成长的方式主要有三种。一是阅读，这是成本最低、最简单和易操作性的方式。第二种是用时间学习，即自己花时间摸索，不撞南墙不回头。这种方式的好处是体验强烈，记忆深刻，当然时间成本通常会很高。最后一种方式，也是个人成长速度最快的方式，即向身边优秀的人学习。

所以，我们每个人要在自己的心目中找到一个标杆，我们称之为"敌人"。向他学习，并为打败"敌人"而行动！

（1）工具使用说明

首先要找出自己工作生活中最大的短板，即自己对自己最不满意的部分，去面对自己。通常不要超过3条，而且最好要具体而明确。

然后，找到身边在这些方面明显优于自己的人，即你的敌人。用求（新）生的心态，向身边的人学习。

最后，在各种常见的场景下，按照对方的做法设定自己的行动计划，设定时间期限，"敌人"怎么做，我就怎么做！

（2）操作要点

通常经过一段时间的刻意训练后，个人在相关方面会取得明显的进步。如果自我感觉不是最突出的问题，则可以重新选择敌人，选择新的改变目标。

考虑到习惯的形成和固化过程，每次的学习和运用不低于90天（21天

绝对成交
批量复制销售冠军

只能形成初步习惯，固化需要90天左右）。

所以，如果落地行动快的话，可以以3个月为周期进行一轮新的敌人机制的调整，即寻找新的短板及"敌人"。

_____敌人模板

为打败敌人而战，成就更加了不起的自己！	
我的照片	敌人的照片
我是	我的敌人
我要面对的自己	敌人的最大特点（优点）
我的目标与计划 目标： 行动计划： 监督人：	做不到怎么办？ 挑战发起时间：年　　月　　日

目标利益导图工具

没有目标，就没有方向！

没有方向，就没有动力！

没有动力，就没有战斗力！

帮助团队聚焦企业战略目标是营销工业化的基础。目标利益导图工具就是要帮助团队建立对目标和梦想的向往，激发团队内心对于目标的渴望！

需要团队共同思考3个层面的目标：

◎ 公司未来5年的发展目标？年度目标？

◎ 我所在部门/区域，未来5年/年度的发展目标？

◎ 我个人未来5年的发展目标？年度目标？

_____目标利益导图

姓名		部门		更新日期	
级别	目标	利益（我能想到的所有好处）		说明	
公司	5年目标	1			
		2			
	2020年核心目标	3			
		4			
部门/区域（上级的目标）	5年目标	5			
		6			
	2020年主要目标	7			
		8			
		9			
我的目标	5年目标	10			
		11			
		12			
	2020年主要目标	13			
		14			
		15			

工具使用说明：
①利益是想象出来的，利益有很多种类，不要局限于物质层面；
②请不必在乎对错或怕别人笑话，一定要先把自己打动；
③利益描述要尽量明确具体，最好拥有画面感、场景感；
④公司、部门目标不清楚的要与上级沟通（部门内部可以开会沟通），个人目标一定要是自己想要的；目标可以有多个利益（好处），好处总数不少于15个（填满）；
⑤说明部分可以写自己为什么看重这些好处或其他认为想补充的内容；
⑥每个人要拥有一张属于自己的目标利益导图，定期更新并乐于公开分享。

绝对成交
批量复制销售冠军

操作要点：每个人都要拥有一张属于个人的目标利益导图，定期更新并乐于公开分享。要鼓励团队相互间开放、共享：不要在乎对错或怕别人笑话，一定要把自己打动；管理者要学会营造这样的氛围，其中可以组织团队以部门为单位进行个人目标利益的分享。

此外，利益是想象出来的！要帮助和鼓励团队畅想利益，不要局限于物质层面，不必考虑合理性或实现的可能性，需要的是激发出每个人发自内心的寻求改变的渴望。这是一种巨大的内驱力。人最幸福的状态是活在希望中，目标利益导图工具可以有效地将个人带入未来的精神状态中。

需要注意的是，做目标利益设想时，关于公司和部门的目标，可以组织团队一起分享，共同制定。通常情况下，我们会发现团队设定的目标往往高于领导者的自我定义。

个人目标则可以由团队成员自我定义，一般经过团队内部的宣讲后，再行修改，2～3次宣讲与修改后会基本趋于稳定。同时，团队对于公司目标/部门目标的认同度会大大加强。这是团队互动过程中相互激发的结果。

描述利益时要尽量明确具体，最好拥有画面感、场景感。利益通常来源于日常生活、工作中的小不满和小梦想。想象是否到位的标准只有一个：在写和讲解目标利益导图的过程中，应该有兴奋感和力量感！

所以，关于此工具的运用，填写和提交目标利益导图是一方面，让团队在此过程中彼此激发、相互鼓舞更具价值，二者不可偏废。

10.2　客户档案——客户经营的起点

客户档案到底是什么

客户档案（Clients /Customer profiles）是指企业（市场营销人员）在与客户接触过程中收集形成的与客户有关的信息资料汇总，可以表格/文档/CRM系统文件等形式留存，是企业管理客户资源的基础载体。

客户档案意义与价值主要体现在：一是可以帮助企业和个人有效盘点客户资源，进而找出现有资源与目标之间的差距；二是可以帮助实现对客户的持续性经营，管理人员可以有针对性地进行客户指导，从而提高客户资源的整体利用效率。当然，集中的客户资源管理也可以降低因销售人员流动可能带来的企业潜在客户资源流失。

销售的6阶段/过程模型

在营销工业化的方法论看来，营销是一个递进的过程。如果以初次接触为起点，首次成交为终点的话，我们与大部分客户的状态通常是处于二者之间的某个阶段。由此，销售推动实际上就变成了把客户状态从一个阶段向下一个阶段推进的标准模式。因此，尽量客户各有不同，但在相同阶段的客户就可以假定具有基本相似的问题。基于这样的原理，我们把所有的客户按距成交的距离远近，分为6个不同的阶段，并针对不同的阶段划分，来区分和差异化对待客户，从而实现批量化处理客户的全新模式。

这就是工业化的客户经营模型。客户经营的6个阶段分别是：

绝对成交
批量复制销售冠军

①名单开发阶段。

这是客户接触的最初阶段,销售人员通常只有一个粗略的客户名录,尚未有实质性的接触和跟进动作。

在这个阶段,收集到的客户信息可能只包含基本的联系方式,甚至只知道一个名称或联系人。

在客户关系递进工具中,大概处于0~2分的水平。

②需求探寻与激发阶段。

这个阶段销售人员与客户已经取得了初步的接触和联系,还处于收集客户需求信息的阶段。这个阶段的重点还在于建立起客户对于销售人员的基本信任,可能也已经开展了一部分的关于需求的沟通与激发工作,了解到了客户的某些不满或初步需求,并正在寻求时机去激发和强化客户解决问题的动力与意愿。

在客户关系递进工具中的客户打分大体处于2~7分的水平。

③意向确认阶段。

此阶段的客户经过前期的销售接触和沟通,客户对于销售人员已产生了基础了信任,有了初步的合作意向,甚至有一部分的合作倾向。如果从时间纬度上来看,潜在的合作机会可能在3个月以上(此时间标准可能根据企业业务的特点有所不同)。

这个阶段客户需求基本明确,信任关系比较到位。客户关系大体处于5~8分的水平。

④准成交阶段。

准成交阶段是销售整体进程最接近成交的阶段,客户处于合作成交的前夕,可能只是因为时间、日程安排或存在其他某些阻碍合作产生的原因,需要销售人员进行针对性的跟进和解决。

该阶段的客户，客户需求非常明确，销售人员已了解清楚，同时客户对销售人员的信任达到了相当的水平，合作倾向较为明显，已经基本接近成交，预计未来3个月内很可能实现成交和合作。

从客户关系递进工具的角度来看，应该达到了7~10的水平。

⑤成交阶段。

该阶段客户已经完成成交，可能已经签完合同或合作的协议，甚至已经打完了预付款，合作处于交付的状态中，合同的交付尚未完全完成。

从客户关系递进工具的角度来看，应该处于7~10的水平。

⑥再开发阶段。

再开发阶段则是指客户经过初次成交并完成交付后，双方保持着良好的合作关系，有二次或持续合作的可能性。

这个阶段的客户可以根据未来可能带来的商业价值贡献，按A（高再利用价值）、B（一般再利用价值）、C（低再利用价值）的类别进行分级。

A类：需要重点跟进的客户，有可能客户近期就有再合作的需求和意向。

B类：需要一般跟进的客户，客户在未来的一段时间里面有可能有需求。这个时间周期可能是未来的3~6个月，或者3~12个月，根据企业情况进行设定，灵活地调整。主要目的是设定参照标准，准确性并非最重要的考量因素。

C类：指未来再次合作的周期很长，可能有6个月或更多，或再次合作成交可能性不大的客户。

客户档案管理的基本原则

（1）分类管理原则

该原则主要体现在两个方面：

绝对成交
批量复制销售冠军

一是根据销售的6个过程阶段，对客户资源进行分层、分类处理，以简化管理者和团队的工作，使销售人员能聚焦精力到对重点客户的关注上。这样做的好处就是既能提高客户跟进工作的有效性，又能对客户资源的更大化利用产生帮助。

二是对于销售相关的所有信息要进行类别区分，分层次区分和标签各种信息，这样可以帮助管理人员在设计和变更客户档案时，做到有的放矢，避免挂一漏万；在销售人员收集信息、更新客户档案时，减少不必要的干扰，尽量减少其工作量。而且，这样的好处还在于，如果未来企业的客户档案管理通过信息系统实现，则可以直接无缝对接，避免不必要的二次转换成本。

在这个原则的指导下，销售人员的客户跟进会变得更有目的性，行程规划会更合理。销售管理人员的复盘指导则可以做到有据可依。

（2）集中管理原则

客户档案是客户资源经营与管理的基础，只有信息足够完整，信息对于管理的参考价值才足够。

客户信息集中管理的背后假设：完整的客户信息有利于管理者、销售人员看到整体的客户经营现状，帮助团队更好地还原和呈现客户跟进的现状。这是管理决策和行动调整的依据，如果信息不完整则可能导致判断失误，甚至形成错误的决策。

此外，集中和完整的客户信息有利于管理者对个人、团队进行整体性的管控，清晰看到目标和现状之间的差距，找到系统性的问题，以针对性地采取调整行动，并根据员工、团队的真实情况和客户跟进现状，给予必要的支持与帮助。否则，管理者的决定很可能与员工的努力产生冲突，导致不必要的内耗，甚至错失业绩倍增的良机。

当然，从企业经营管理的角度讲，完整收集、整理客户资源相关信息并进行集中管理，还有利于企业和管理者对客户资源的持续性、系统管理，有利于帮助管理层和销售人员实现对客户资源的整体把握，企业降低不必要的客户经营风险，把企业经过前期资源投入换来的客户转化成公司的财产，提高客户资源的利用效率。

（3）动态更新原则

客户档案的最大价值在于，为销售管理和销售跟进提供全面的信息支持。所以，客户跟进过程中收集到的相关信息应及时进行更新，以保证信息的即时性、准确性和可参考性。主要体现在：

一是通过客户档案信息填写的完整程度，销售人员和管理者可以很快发现客户跟进过程中的信息缺失，找到后续调整和跟进的方向与目标。客户信息数据越完整，代表客户跟进过程中的工作做得越细致。客户档案涉及信息不断进行更新，可实现对客户动态的掌握。动态更新便于管理层根据客户跟进的动态过程及时发现问题，对营销人员进行针对性指导，提高客户跟进的有效性和时效性。

二是管理者、销售人员本人都可以随时通过客户档案关注客户资源的整体经营情况。比如通过数据对比，看到近期行动后的成果反馈：数据实现了改善，则说明前期的行动方向是对的，否则就需要及时进行调整。

总而言之，营销工业化的设计的客户档案管理模式，是帮助团队经营客户资源的关键。它是把团队日常管理、重点客户跟进及资源经营进行有机结合的基础，可以为管理者和销售人员提供具有重要参考价值的客户相关信息，而不是传统意义上的数据和信息的简单堆积。通过聚焦客户发现问题，并指导管理层调整日常管理过程中的工作重心，实现人员管理与业务管理的紧密结合，从而提升业务团队的整体效能。

客户档案的3大类信息构成要素

从经营客户资源和便于销售管理分析的角度出发，有效的客户档案的信息有三大类基本构成，分别为：目标客户的基本信息；客户跟进记录；销售潜力预估与项目跟进记录。另外，为了更便于还原客户跟进的现状，还可以对其他认为有必要的信息进行备注和记录。

同时，为了提高销售人员更新客户档案的效率，减少不必要的干扰，客户档案涉及的字段需要进行分层设计，即要素大类、信息小类和具体字段信息。这样在没有系统的情况下可以采用Excel表格的形式进行集中记录与存储。以下为各行业可借鉴通用的客户档案信息分类及参考字段。

（1）信息要素1：基本信息

基本信息是指与客户相关的信息要素，包括基本信息字段和类别区分标签。可供参照的基本字段有：

①销售人员相关（小类）。

销售人员信息：编号/销售姓名/区域/所属部门。

②客户基本情况（小类）。

客户相关信息：渠道编号/渠道名称/区域/地址/邮箱/主营业务/历史业绩/营收规模（万）/人员规模/现有合作品牌/历年项目数量/联系人/联系方式/其他。

③客户对接人员信息（小类）。

第一联系人：姓名/职务/联系方式/兴趣爱好。

关键人：姓名/职务/联系方式/兴趣爱好与特点/主要诉求或痛点。

（2）信息要素2：销售（量）潜力预估

①市场政策相关（小类）。

客户基本信息：客户类型/合作阶段/销售区域（通用字段）。

市场政策相关：授信额度/样（品）机/数量/配件/数量。

②销售潜力预估（小类）。

销售潜力预估：任务额（万/年）/完成概率/业绩预估。

③项目跟进相关（小类）。

销售人员信息：编号/销售姓名报备日期/地区/区域（通用）。

项目基本管理信息：档案编号/渠道商（客户）/最终用户/项目所在城市/项目阶段/拟采用产品（服务类型）/数量/预估业绩/投标日期(方案提交)/预计交货日期/联系人/联系方式（项目型适用）。

项目运作信息：信息负责人/联系人/项目关键人/职务/联系方式/竞品/主要问题/跟进日期/后续跟进日期/跟进策略与行动计划/项目运作结果/备注（项目型适用）。

财务管控信息：项目订单额/回款批次/回款金额/回款日期/开票金额（根据合同约定条款设定字段，项目型适用）。

注：项目管理类信息还可以根据企业的具体业务流程增加节点相关的字段，以对项目进行全程跟进和管控。

（3）信息要素3：销售跟进记录

销售跟进：客户跟进记录（沟通要点）/跟进日期/联系人/主要问题/后续跟进日期/跟进策略与行动计划/市场机会/备注。

关于客户管理要注意的问题

（1）销售人员都应该有客户档案吗

业绩源于客户。所以，不仅企业需要有意识地整理自己的资源，销售人员也需要清楚自己的资源。

客户档案是最简单的对客户资源进行集中盘点的工具和方式。它可以

绝对成交
批量复制销售冠军

帮助销售人员发现自己的问题和销售机会，看到整体和全局，从而提升实现目标的信心，减少无效的营销动作和行动。

从我们实践中的企业实际情况来看，大部分业务人员在接触客户的过程中，其行为或安排通常有很强的随机性。这就导致在多客户、多任务的情况下会出现手忙脚乱、顾此失彼的情况，并因此错失销售的时机和机会。

客户档案可以帮助销售人员解决这个方面的问题，为销售人员提供有益的时间分配参考，从而提升销售人员个人的时间价值。

比如，客户档案首先按销售阶段对所有的客户进行区分，从而相对客观地帮助销售人员快速分辨出重点客户，即离销售成交越近而不是以往销售人员感觉重要的自我判断。在客户区分的基础上，销售人员可以根据轻重缓急一目了然地把自己的时间有效的分配到正在跟进的客户，形成重点突出、主次明确的个人日程。从时间价值的角度来讲，即使在销售人员其他条件如销售技能、工具等并没有出现明显变化的条件下，这种优化本身就会提高业务人员的市场表现。

此外，通过销售档案里面关于客户跟进记录的构成部分，可以帮助管理者看到销售人员所出现的个人瓶颈。这种瓶颈通常也是制约个人和团队实现业绩的主要障碍。销售管理者可以据此形成自己最重要的时间分配：赋能团队成长，帮助团队实现对瓶颈的突破。

无论是销售人员本人，还是管理者，都可以通过客户档案发现和解决营销过程中出现的各种问题。尤其是对于管理者而言，客户档案可以帮助销售管理者解决系统性的问题，让营销管理更加接近一线的市场需要。

所以，从这个意义上来讲，不仅销售人员，而且部门每个人都应该有一本客户档案，因为它是帮助团队实现成长的基础，也是提升企业营销系统整体产出水平的基础。

（2）如何与企业现有的基础结合

从目前在企业端看到的各类客户管理软件来看，这些软件基本都只具备基本的信息收集和存储功能，并不是基于客户经营设计的。当然，大部分的数据和信息还是有的，如果要匹配客户经营的需求，则需要重新开发报表。

所有信息系统和工具至少起到两个作用，工具的生命力才足够顽强：第一个是实现对业务过程中数据和信息的完整记录和存储，这是不可或缺的基础功能；第二个则是要简化使用者的工作，尽量降低其劳动强度，使其工作变得更简单和高效。否则，在使用过程中就会遭遇较大的接受阻力而失效。

对于销售人员而言，系统要简单易操作，同时又能为其工作提供依据。对于管理者而言，更多地需要则体现在决策依据上，即数据的分析与报表功能。

如果在不废除或无法修改现有管理系统的基础上，建议自行设计客户档案表格，然后将系统里面的相关数据导出进行匹配，使得销售人员在不过多增加工作量的前提下，实现对客户资源的有效管理，从而提高员工和整个营销系统的时间价值。

如果没有客户管理系统怎么办？

为了便于更新与数据分析，在没有客户管理系统的情况下，建议采用Excel表格形式，以实现便利的数据分析功能，同时为未来上线管理系统累积基础数据。总之，销售工具要为目的的实现服务，为便利和增效服务，就必须对其进行个性化的改造，否则工具就会成为制约目标实现的负担。

10.3 客户管理的销售漏斗

什么是销售漏斗

销售漏斗（sales funnel model，简称：SFM），也叫销售管路，是一种形象地体现销售机会递进层次关系的销售管理工具。

它是根据营销活动的递进关系，人为地将销售过程区分若干个特定阶段，从而形成的销售机会递进层次。如果从起始到结束连接起来，就形成了一条所谓的销售"通道"。

通常情况下，销售阶段越靠前，客户的基数越多；阶段越靠后，则客户数量越少。如果将各阶段客户数量用条形图长度进行代表并垂直堆积，就会呈现出来一个类似漏斗形状的图形，故名销售漏斗。

销售漏斗可以清晰呈现出各销售阶段的递进比例、销售效率等关系。因此，为保证销售漏斗的有效性，数据必须真实、完整和持续。

销售漏斗具有5大作用：

◎ 有利于实现对营销过程的有效管理。

◎ 便于预测市场规模，计算销售人员的定额。

◎ 明确工作方向，有效地管理和指导营销人员的工作。

◎ 系统管控客户资源，实现对客户资源的更高效利用。

◎ 可量化营销工作的成效，便于营销系统的整体改进。

实际上，销售漏斗是销售过程管理的重要辅助工具，可以帮助管理者和销售人员对客户资源的经营现状进行整体判断：相对于目标而言，是客户资源不足，还是销售递进能力出现瓶颈？通过销售漏斗，可以非常清晰地进行判断，并为管理和营销行动提供决策依据。

客户的分层分类管理

营销工业化系统中，对于新客户的经营是通过分层管理进行，对于成交后的老客户则是通过分类来进行管理的。

根据销售成交的6个阶段和过程，将客户分成名单客户、需求客户、意向客户、准成交客户、已成交客户和再开发客户6个层次，并形成对应的销售漏斗。

其中，处于名单、需求、意向和准成交四个销售漏斗中的客户属于未成交的新客户，处于销售漏斗的上半部分；其余属于成交后的老客户，处于客户销售漏斗的最下端。其中，按照其商业价值（业绩贡献）可简单地区分战略客户（持续合作，业绩贡献达到特定标准）、重点客户（业绩贡献较大，合作频次较高）和一般客户（业绩贡献一般，合作频次较低）三类。当然，除此之外，还有一类休眠的客户，可能已经长期不再合作了。

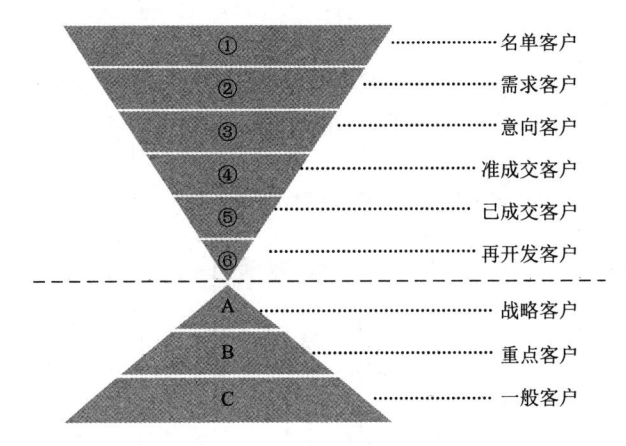

```
①  ········ 名单客户
②  ········ 需求客户
③  ········ 意向客户
④  ········ 准成交客户
⑤  ········ 已成交客户
⑥  ········ 再开发客户
A  ········ 战略客户
B  ········ 重点客户
C  ········ 一般客户
```

对于未成交的客户，处于第一层的名单客户是离销售成交最远的客户，而准成交客户则处于离成交状态最近的销售阶段。

绝对成交
批量复制销售冠军

销售漏斗的三大指标维度：数量、比率和成本。

数量纬度主要指客户数量的绝对值，经营客户资源不需要平均用力，只需要找到关键部分，并在现有基础上实现数量提升即可。每个人或团队的客户资源瓶颈通常是不一样的，且是动态变化的。

比率可以理解为转化率，即从一个阶段到另一个阶段转化的成功率，通常代表个人或团队整体的递进能力水平。围绕最弱的部分开展工作，就可以将销售漏斗的整体产出水平快速提高。

成本，即所有客户资源的获取其实是有成本的。此外，如果优质的客户资源无法发挥其最大的商业价值，也是巨大的机会成本。从这个意义上讲，提高资源的转化率其实也意味着成本的降低和业绩倍增。

销售漏斗的实际运用

通过对客户资源的分层，销售漏斗可以帮助销售团队看到销售过程中的机会和问题。从时间价值原理的角度讲，销售人员应该把时间优先分配于离成交最近的重点客户。以下为某面对面销售的客户数据案例：

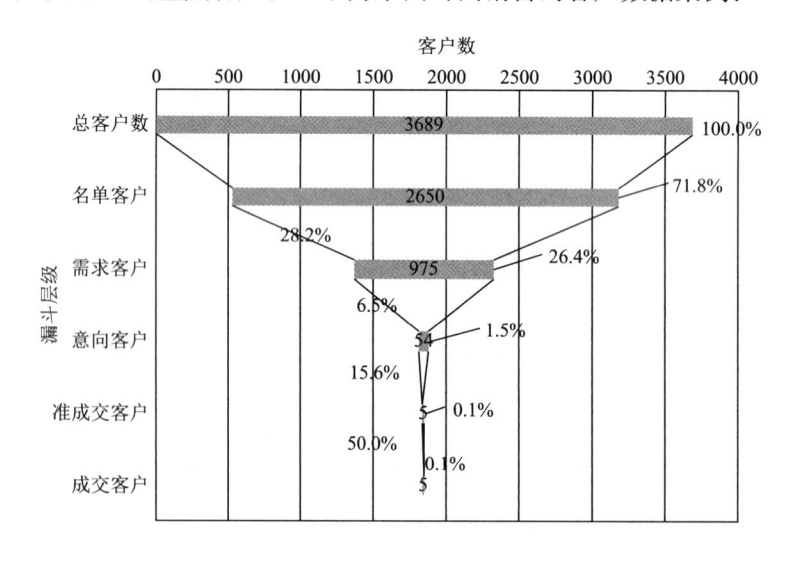

客户层级	客户数	占比	转化率
总客户数	3689	100.0%	
名单客户	2650	71.8%	28.2%
需求客户	975	26.4%	6.5%
意向客户	54	1.5%	15.6%
准成交客户	5	0.1%	50.0%
成交客户	5	0.1%	

以上数据表明：该团队的名单客户很高，名单客户向需求客户转化的比例为28.2%，6.2%的需求客户转化为意向客户，而意向客户只有15.6%的转化为准成交客户，准成交客户的成交比较高达50%。所以，需求客户的转化是关键！因为其比例明显偏低，从需求到意向是目前团队最大的挑战，说明销售团队在递进关系方面存在明显的问题。以此为起点去寻找团队在客户跟进过程中的问题，通常会发现要么是时间安排上错位，要么是跟进能力存在明显的缺失。

又如某网络平台销售的客户数据案例：

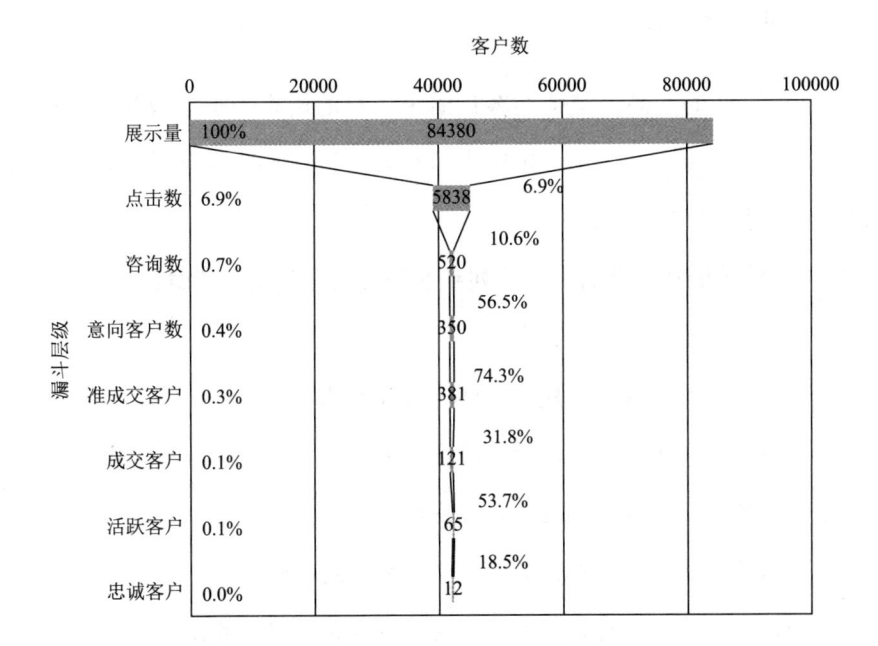

漏斗层级	比例	客户数	转化率
展示量	100%	84380	
点击数	6.9%	5838	6.9%
咨询数	0.7%	520	10.6%
意向客户数	0.4%	350	56.5%
准成交客户	0.3%	281	74.3%
成交客户	0.1%	121	31.8%
活跃客户	0.1%	65	53.7%
忠诚客户	0.0%	12	18.5%

通过以上数据，可以明显地看到该客户跟进过程中存在几个比较典型的问题：从点击向咨询转化率仅有10.6%，说明平台内容存在较为明显的问题；此外，忠诚客户的比例也偏低。而且，成交率仅为31.8%，是否也说明问题呢？是数据错误，还是人员成单能力偏弱？这都需要管理者给予关注。

因此，只要有针对性的调整和行动，团队的业绩很可能短期内就能实现倍增！这就是销售漏斗的威力！

10.4 客户跟进导航——客户关系递进工具

销售成交的关系基础

为什么同样的产品，类似的客户需求，有的销售人员会成交，有的却不能？背后的主要原因在于：销售人员与客户进行人际互动的过程中，双方有否达成足够的信任关系！

所以，销售成功的背后有一系列基本的关系假设需要遵循：

◎ 信任（关系）是累积出来的。

◎ 每一次客户接触都是建立和递进信任的基础。

◎ 第一印象很重要！可以管理的是容易让人信赖的行为和印象。

◎ 可信的基础：真诚/专业/和谐关系。

◎ 可靠的感觉：有信心，敢于承诺，并说到做到。

◎ 和谐的关系：能感知对方的情绪，并保持适当的关系。

◎ 无私的感觉：放下个人利益的权衡，表现得更关注对方的利益，让对方感受到你的善意。

客户关系的递进原理

客户关系递进原理的背后，其实是基于对销售跟进过程中一系列问题的基本假设。

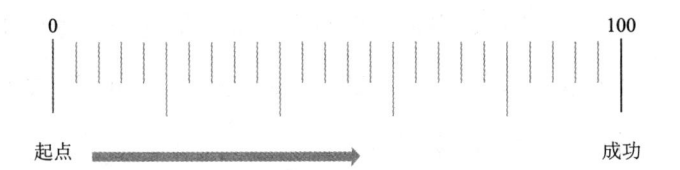

```
0                                              100
|-|-|-|-|-|-|-|-|-|-|-|-|-|-|-|-|-|-|-|-|
  起点  ——————————>                    成功
```

具体如下：

◎ 成功只是目标达成百分比的不同！

◎ 把销售分解成小的阶段，则每个客户都是可以成交的！

◎ 递进信任（关系）是关键！

◎ 建立足够信任，就可以实现绝对成交！

◎ 凡事皆有原因！找到问题背后的原因！

◎ 重新审视与客户的接触过程。每一次与客户的接触都是建立信任的基础！

◎ 可以管理的是容易让别人信赖的行动和印象。

◎ 赢得信任的关键：围绕客户价值思考，营造无私的感觉。放下个人利益的权衡，至少表现得更关注对方的利益，让对方感受到你的善意。

客户关系递进工具

在销售人员与客户进行人际互动的过程中，双方之间会形成某种心理感觉（受），这种感觉就是客户关系，它会促进或阻碍双方合作的开展。其中，信任是双方关系的核心要素。

只有双方关系到位，销售人员才可能在客户接触的过程中实现对必要信息的有效收集和合作递进。因此销售人员需要一套有效的办法在客户关

绝对成交
批量复制销售冠军

系层面上实现改观。

客户关系递进工具就是用来帮助销售人员解决这个问题的工具。通过多纬度的要素衡量和评估，可以把客户关系这样一个凭感觉的模糊的事情，变得相对清晰、明确和有据可依。

标准的客户关系递进工具通常包含三个大的方面：

第一是客户关系递进纬度及评估标准，主要用来衡量和评估销售人员与客户之间的关系，为后续的行动调整提供依据。

第二个部分是客户反应的原因分析，其主要目的是帮助销售人员寻找客户反应背后的各种原因；

第三个部分则是针对分析以及销售人员应对方法的行动库，即针对各种原因提供对应的行动方案、应对办法。

客户关系递进工具既可以促使销售人员有意识地观察客户的反应，扩大其认知边界，提升销售人员的应变能力，又可以据此将团队的集体经验沉淀为集体智慧，形成跟进客户的共同标准，用于快速实现销售人员的成长与培养。

（1）客户关系评估的2大维度

①信任度。

信任度是指客户对销售人员真诚、善意、解决问题的能力、兑现承诺的担当等相信、认可和信赖的程度。

信任度维度主要包含销售人员与客户心理距离及关系的远近、接触过程中主动与配合的程度，并通过某些外在的行为反馈出来。它是一种心理感受与外在表现的综合，会对双方的心理感受产生一定的影响。一般说来，信任度越高越有利于双方在沟通过程中放下戒备，保持坦诚，也越有利于合作的达成。

②客户信息。

客户关系维度主要指销售人员在客户跟进过程中，收集到的与客户相关的各种信息。该维度主要帮助销售人员判断是否收集到了足够的对销售递进有帮助的有用信息，即通过销售接触结果反向来衡量客户关系是否到位。其背后的假设就是：如果销售人员与客户的信任关系到位，那么客户会提供真实而充分的信息，并且愿意积极推动销售进程的进一步发展，乃至合作。

◎ 客户的基本情况：涵盖企业所处的行业、背景、规模、经营现状、历史业绩等基本情况。

◎ 客户需求的探寻与激发：指销售人员在销售接触过程中收集到的与客户需求密切相关的信息，包括客户的痛点/需求/预期，甚至是目标等。

◎ 决策相关信息：指与客户决策程序、决策人及关键人等有关的信息。该类信息是销售推进过程中找到关键人并发展信任关系，促成合作的重要基础，故单独进行列示。

（2）客户关系递进的七大方向

围绕客户关系递进的两大维度，结合众多销售人员的实践经验，我们对销售接触过程涉及的沟通内容、范围等进行了系统的归纳和总结，形成了7个递进双方关系的努力方向：

◎ 套近乎：套近/套熟/套关系/递茶/递烟/递火机。

◎ 聊家常：聊天/聊地/聊家庭/聊私密。

◎ 约私局：约吃/约喝/约玩/约球/约牌/约唱（吃喝玩乐）。

◎ 透内幕：权责/人物/角色/关系/利益/瓜葛/恩怨。

◎ 送好处：送钱/送礼/送好处/送关怀/送服务。

◎ 谈正事：介绍自己/了解需求/推荐方案/商谈合作/处理问题。

◎ 提问题：有问不答/有问有答/有问必答/不问也答。

（3）客户关系递进工具的形成

形成客户关系递进工具大体可分为3步：

①设定评估的纬度。

评估销售人员与客户关系的维度可以有很多种，它代表对关系维度的解读。比较常用的典型客户关系评价维度有：心理距离、信任感、客户的基本情况、对产品的认知、行业或竞争、决策程序等。

本营销工业化方法对这些维度进行了简单的归纳，共分为两大类：第1类叫人际信任，主要包括双方的距离感、私人关系与感受；第2类是销售相关的基本信息，包括客户的基本情况、客户的需求、内部决策程序以及关键人等对销售促进有帮助的相关信息。

②划分递进阶段。

确定了客户关系的衡量纬度以后，我们还需要对各个纬度进行程度的区分。

一般我们把客户关系递进划分为11个小的阶段。其中，第5个阶段是整个销售递进过程的中间状态。每个阶段客户会有相应的心理状态，并有相应的表现或接触反应：

1~4阶段：都属于销售人员更想要的状态，破防和建立信任是这个阶段的重点。这个过程中的重点是完成基本信任的建立；客户的心理特征则从抵触/抗拒、冷漠、偶有回应敷衍、敷衍不客气到假客气，态度整体上由冰冷到温和。

6~10阶段：则是销售促进和递进的关键，客户的心理状态变化也从初步接受、积极互动、愿意合作、推动合作到积极主动帮助销售人员促成合作。在这几个阶段，它代表着客户更想要实现合作。

此外，在整个客户关系递进的中间阶段5，是一个重要的分水岭。它代表着整个销售阶段即将从销售人员想要逐步向客户想要的转变，即销售人员通过前期的销售接触，逐渐掌握合作的主动权。所以，在客户关系到达这个分水岭之前，销售人员应该弱化销售动作而应当强化信任动作，这样才能把握好整个销售的节奏，实现更有效的销售递进。

③总结客户典型反应形成参照标准。

接下来把销售人员在开展实际业务过程中遇到的各种客户反应进行对应，这样就可以快速形成一个基于现有人员认知水平的标准。因为这个标准是团队集体智慧的结果，所以在日常工作执行的时候，团队是可以很容易掌握的。

典型的思考逻辑：最好的状态是什么样的？最坏的状态是什么样的？中间状态是什么样的？能够量化就进行量化，无法量化的进行细致的描述。这样就可以把每个维度变得可衡量，形成有效的阶段性评估依据。

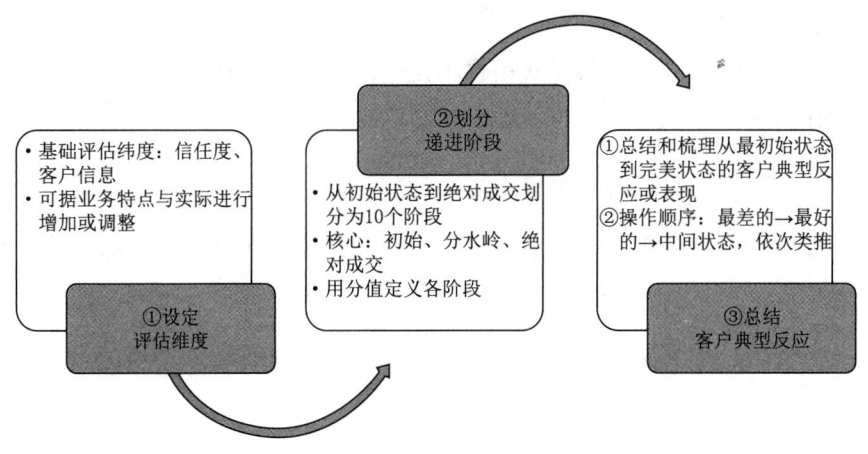

如上图所示。

客户递进关系设定的技巧：先设定最初状态与最终状态，接下来对中

绝对成交
批量复制销售冠军

间状态进行设定，可参照顺序1→10→5→3→7，以此类推，即可快速实现对客户关系的递进设定。

前期可以快速形成一个简单的标准，只要包含两大纬度的评估参照即可，先用起来。关于客户反应背后的原因总结、行动方案，可以在未来使用的过程中逐步进行细化。

后续如果团队在客户跟进方面取得了持续的能力提升，则此标准就可以进一步进行更新。如果有新的情况也可以进行更新。

客户关系递进工具标准版本如下页表格。

实现绝对成交

客户关系递进原理告诉我们：对于任何客户的持续性有效跟进，在建立起足够的信任后，就可以实现绝对成交！

客户关系递进工具就是帮助销售人员实现对重点客户的持续跟进，并进行有效递进的重要工具。

（1）实现绝对成交的8个步骤

营销工业化倡导的信任式销售不是一蹴而就的，而是渐进式和持续性的成功模式。

要想实现绝对成交，销售人员必须建立起系统性的销售思维和逻辑，并能够懂得在日常的客户接触过程中，向客户和现实学习，有意识地进行实践、运用，并主动自我调整，循环往复，直到成功。

以下的8个步骤就是帮助销售人员实现绝对成交的系统思绪逻辑：

◎ 设定赢得客户绝对信任的阶段性目标。

◎ 根据客户反应，评估当前的现状并打分。

◎ 分析存在的问题或障碍。

营销工业化——绝对成交销售管理

客户关系递进工具：实现绝对成交

维度	0	1	2	3	4	5	6	7	8	9	10
			销售想要			分水岭			客户想要		绝对成交
信任度距离感	[特征：抵触抗拒] ①拒绝见面或闭门不见；②放鸽子、说话不算数；③无视销售、冷漠；④拒接电话；⑤交流时被动或不说话；⑥爱理不理，不好交流；⑦冷漠/不屑，态度生硬或恶劣	[特征：冷漠] ①不拒绝，很冷淡；②沟通态度仍然很冷淡，仅能简单沟通；③提问基本不回答	[特征：偶有回应敷衍] ①接受见面，但比较敷衍推诿；②拒绝各种套近乎/邀约尝试；③回答问题不理；④不热情比较冷淡；⑤"会""嗯！""啊！好！"等应付式回应，明显敷衍	[特征：敷衍不客气] ①有基本沟通，可以简单介绍产品，反应冷淡；②沟通不会主动，被动，对销售人员不敏感；③公事公办，不客气	[特征：假客气] ①态度上有转变，假客气；②沟通方面简单的回应，不怎么热情，甚至还有一点冷淡；③可以简单的沟通，工作方面的情况、拒绝聊私事；④交流有提问，偶尔会时，回答；⑤招呼就坐，但只是礼节性的客气，面无表情	[特征：不冷不热] ①套近乎时，不冷不热；②拜访或约见不明确拒绝，也不热情/愿意，比较冷漠；③沟通时愿意透露信息，敬言又止；④不愿意聊私事；⑤委婉拒绝（送礼/各种邀约），坚持之下，也会勉强接受/收下；⑥不抗拒不交流，工作不问不答	[特征：初步接受] ①愿意尝试私下邀约；②偶尔可以聊私事；③套近乎反感/不拒绝；④介绍产品方案不反感；⑤提问题基本有回答	[特征：积极销互动] ①留售吃饭；②有肢体语言展现；③愿意初步透露内部信息；④半推半就收礼物/私交；⑤接受私交、邀约；⑥可以共同讨论产品和方案，提出要求；⑦提问愿意回答，基本有业务交流	[特征：愿意合作] ①偶尔提出关注点；②主动邀约沟通/透露关键信息；③偶尔有亲密举动；④称呼亲近；⑤主动介绍内部关系人员/引荐相关方推动；⑥大方收礼、接受关怀；⑦主动提要求、谈条件，暴露问题	[特征：推动合作] ①愿意交流工作之外的事情；②主动融入朋友圈、建立私人关系；③聊私话题关系密切/交流频繁；④针对问题提供积极帮助/积极推动促成合作；⑤重大问题会及时提醒，给予帮助	[特征：主动帮助] ①非常亲近，呼朋唤友；②无话不谈，相露个人隐私；③有想法或变动主动告知；④彼此很频繁，交流频繁；⑤邀请参加私人活动、圈子；⑥信息秒回复，未接回电话；⑦主动介绍客户或维护；⑧主动提供支持帮助，甚至公开维护/保护你

281

绝对成交
批量复制销售冠军

续表

维度	0	1	2	3	4	5	6	7	8	9	10	
			销售想要			分水岭			客户想要			绝对成交
信息收集：①基本情况；②客户需求；③决策程序；④关键人	①只有基本联系方式；②完全不了解客户的情况；③对客户需求一无所知；④不了解决策程序或关键人	①基本不了解客户的信息；②只了解对接人的基本情况和信息	①对客户的基本信息一知半解；②大概了解决策程序相关信息，有待验证；③跟进接触人，知道接触人的角色；④尚不清楚关键人	①了解基本信息；②不知晓客户需求，找问题分线索；③不了解大概决策程序决策关系关键	①主要信息基本了解；②了解粗略相关需求，很不完整/零碎；③大概了解内部决策程序，确定了关键人；④与关键人不认识或未联系	①基本了解客户总体情况；②能够确定是否有需求，可能不完整或片面；③大概了解内部决策程序，接触到关键人；④与关键人初步接触，但不熟悉或不亲近	①与关键人有初步接触，有抗拒；②找到客户需求背后的情感痛点；③提问愿意回应	深入了解可支配时间、经济状况、预算 ①与关键人有简单互动；②愿意交流个人兴趣爱好，偶尔主动咨询自己比较关心的问题；③关键人对合作基本满意，明确表达合作	①与关键人互动自然；②能双方交流私人话题；③关键人对合作基本满意，明确表达合作	①关键人对合作基本满意，积极推动合作	①对客户情况了如指掌，完全掌握；②客户很兴奋，主动描绘合作前景；③客户自主行动，迫不及待地想要改变或合作；④关键人内部的变化与信息，总有人主动告知或提供；⑤与决策人员保持很好的私人关系，相处自在无压力无拘束	
						原因分析						
原因分析	速进关系是关键！成功只是目标达成百分比的不同！											
						凡事皆有原因！找到问题背后的原因才能有效行动！						
行动库	用智慧实现绝对成交！相信自己一定可以成交！											

◎ 凡事皆有原因！找到问题背后的原因！

◎ 重新审视与客户的接触过程。

◎ 设计并采取针对性行动。

◎ 根据客户的反应，总结并调整行动。

◎ 阶段性总结与评估，用智慧实现绝对成交。

（2）如何运用客户关系递进工具实现绝对成交

客户关系递进工具有两个重要的使用场景：一是重点客户分析；二是作为销售管理者的管理指导依据。

① 应用1：重点客户分析。

利用客户关系递进工具进行客户分析具体操作步骤分为4步：

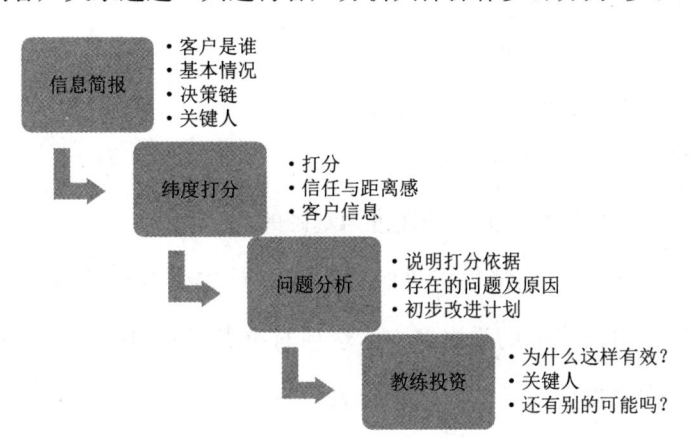

```
信息简报 → ·客户是谁
            ·基本情况
            ·决策链
            ·关键人

  纬度打分 → ·打分
              ·信任与距离感
              ·客户信息

    问题分析 → ·说明打分依据
                ·存在的问题及原因
                ·初步改进计划

      教练投资 → ·为什么这样有效？
                  ·关键人
                  ·还有别的可能吗？
```

第1步：团队内部进行重点客户分析时，每一个销售人员需要对自己的重点客户进行讲解：客户是谁？跟进的对接人是谁？当前的情况及关键人情况。

第2步：销售人员对客户关系递进的两大维度进行打分，对相关客户信息进行陈述，还原客户跟进过程中的现状，帮助自己和团队看到客户跟进过程中存在的问题。

绝对成交
批量复制销售冠军

第3步：说明打分的依据：为什么这样打分，依据是什么？当前存在的问题及自己认为的原因是什么？自己的初步跟进策略与计划是什么？

第4步：团队其他成员发表自己的意见，给予必要的帮助，包括不同的看法、建议等。为什么这样就有效了？关键人的跟进到位了吗？是否还有其他的可能？

通过这种团队集体互动的方式，可以帮助当事人和现场的所有人打开认知的边界，实现彼此经验的借鉴和共享，提升个人和团队把握客户的能力。事实上，当销售人员讲解的时候，其同时就实现了相关能力的提升。这样的分析过程本身，也会让其他销售人员感受到自己在销售跟进过程的欠缺，从而在后续有意识地加以改进。

所以，客户关系递进工具其实是销售团队进行自我修炼与提升的利器，也是团队集体成长的重要基础工具。

②应用2：销售管理与指导。

销售的实现是以客户关系的递进为基础的。

因此，销售人员在销售跟进的过程中，首先要取得阶段性的工作成果，即梳理出自己当前的重点客户。然后对重点客户的跟进状态进行自我评估，从两大纬度给重点客户（销售人员自我感觉的即可）进行打分，从而得到一个客户关系的总分。这就是销售人员关于客户关系的递进成果。

销售管理者只要对员工客户关系递进得分进行监控，留意其变化，即可知晓该员工当前的客户跟进是否处于递进的状态，或者进展是否顺利。一方面管理者可以引导员工把工作聚焦于重点客户，另一方面也可以通过这个数据看到员工在跟进客户过程中存在的问题，这样可以给销售员提供针对性的指导和关注。

客户关系递进工具：重点客户跟进汇总

序号	姓名	维度	刘强东	马云	张飞	关羽	张三丰	客户6	客户7	客户8	客户9	客户10	客户11	客户12	客户13	客户14	客户15	汇总
			马化腾				部门				营销3部			更新日期			2019-3-27	
1		信任度（距离感）	7	2	5	3	3											20
2		信息收集：①基本情况；②客户需求；③决策程序；④关键人	3	2	7	3	6											21
		汇总	10	4	12	6	9	0	0	0	0	0	0	0	0	0	0	41

工具使用说明：

①此表为重点客户递进过程中的汇总之用，便于将客户跟进过程进展量化，简化销售管理；

②各客户有进展时，用格式刷（在客户表格中）将对应的单元格刷新底色，汇总表即自动更新；

③根据汇总各积分判断销售递进是否正常，并据此开展针对性营销改善工作；各客户维度（问题集中）的落后部分会自动进行底色显示；

④如需增加新的客户，只需移动或复制客户1（建立副本），将表格名称与第二行名称对应即可实现更新。

285

上表中，该销售人员有5个重点客户，整体得分41分。管理者可将此得分与该员工上一周期的得分进行对比，即可判断该员工的客户跟进是否处于递进的状态，进展如何。同时，通过得分明细可看出，除第一个客户的客户关系较好外，其他客户的递进均不足。另外第一个客户的信息收集也不够。这背后一定有原因！管理者即可据此帮助销售人员一起来找原因并指导其调整。这个过程就将管理的动作落到了对业绩的实质帮助的行动上。

10.5 如何开展销售团队的日常管理

销售管理的三大工作

销售团队的日常管理工作主要应该涵盖三个大的方面，包括日常管理、客户资源管理和团队的培养。

（1）日常管理

日常管理主要针对团队日常行为展开的基础性管理工作，包括行为规范（考勤、职业形象、纪律等）、客户开发工作相关的基本要求（如电话、拜访量、跟进频次等目标管理、各种会议等）。

营销工业化的销售团队日常管理聚焦于对销售人员时间价值的管理上：员工日常工作状态的保持与促进（如品牌分、个人成长训练工具），促进员工心态与能力的持续成长；日程安排管控，确保重点客户的持续跟进和经营。

（2）客户资源管理

销售人员在日常的市场开发过程中，通常会收集到各种各样的客户资源信息，这些是销售人员日常工作的成果，也是企业通过资源投入获得的阶段性结果，应该对其进行有效的集中管控，并通过系统的梳理和整理，设法将其转化为持续有效的产出——业绩贡献。

营销工业化系统导入过程中，通过客户档案的方式将这些资源进行集中管理，为销售决策和行动提供依据，帮助团队实现从随机行动向围绕问题的针对性行动转变，从而提升销售人员个人和整个团队的时间价值。对于销售管理而言，通过监控处于各个销售阶段客户数据的变化，一方面帮助团队看到当前资源与目标的差异；另一方面帮助销售人员把时间分配到针对性行动上：资源不足的，重点应该调整到资源的开发与收集上；无法有效推进的，开展能力提升与资源匹配，帮助销售人员推进销售阶段的递进。

（3）销售团队的培养

在客户资源梳理和跟进的过程中，团队通常会面临某些比较突出的共性问题，尤其是将客户从一个阶段推向另一个阶段时会出现所谓的瓶颈。这些问题的产生绝非偶然，而是销售人员工作思维和能力缺失所致，其实是个人认知的边界出现了。

销售管理就是要针对这些问题，开展针对性的管理动作：帮助销售团队扩展认知边界，从而系统和有针对性地提升营销技能，提高销售团队的整体胜任能力。

其中，围绕重点客户的跟进分析是重中之重。具体操作方法：每周团队内至少开展一次重点客户的跟进分析会，线上或是线下都没有关系，重要的一点是要确保重点客户在跟进过程中的问题，得到及时的关注、反馈和改进。

团队每个人按照特定的程序，先汇报自己重点客户的跟进进展情况，运用客户关系递进工具，自己分析其中可能存在的问题，并说明自己接下来的行动策略与计划。

发表人在陈述完后，团队其他成员则可以针对自己收集到的信息，从自己的角度帮助发表人分析，发表自己的看法和不同思考。没有对错，要的是帮助每个人看到更多的可能性。

所以，销售管理就是要帮助销售人员进行梳理和提升：为什么会产生这些问题？如何运用能力模型相关内容与工具帮助团队解决问题？注意，这个自我诊断、自我说明和调整的过程必不可少，它是销售人员个人成长的重要基础。答案不是关键，重要的是帮助团队面对自己的问题。这才是解决问题的第一步！

客户关系递进工具、销售主线思维的落地运用是关键。

只有拥有了正确的销售思维与意识，销售人员在客户跟进的过程中，才会主动进行自我诊断，发现自己的问题并主动调整，销售进程就会因此加速。

这是团队集体成长的基础，也是业绩突破的基础。

为了实现这一点，在销售团队的日常管理中还需要营造良好的工作氛围，形成积极向上、开放分享的内部成长氛围，从而通过内部的成长环境带动团队的持续进步。

基于时间价值的销售管理新模式

人的时间在哪里，人的价值就会体现在哪里。

所以，营销工业化开创了一种基于销售团队时间价值管理的新模式，即通过有效地管控销售人员的时间，使其运用于最有价值的客户及跟进行动上，从而实现其时间价值的最大化，以此实现业绩倍增。

如图所示：

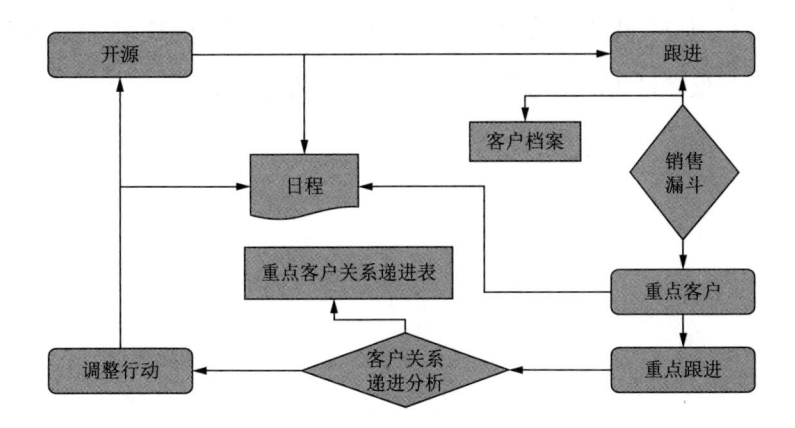

首先，销售人员通过开源行动及日常跟进，收集销售成交所需的各种客户信息，形成客户的跟进记录，并形成阶段性的跟进成果——客户档案。

在此基础上，销售人员根据客户跟进记录，将客户按销售成交的6阶段模型进行区分，从而形成销售漏斗，梳理出重点客户，即离销售成交最近的客户。这也成为了销售人员日常时间分配的主要依据，即销售人员要优先把时间安排到最重要的客户跟进上，从而形成个人的客户跟进行程。

此外，还需要在对重点客户的跟进后，利用团队智慧对重点客户进行分析。在团队智慧共享的基础上，销售人员可以形成新的客户跟进思考，形成新的调整后的行动计划，并形成新的日程以及重点客户的客户关系跟进表。这样一方面可以通过团队的集思广益，实现对客户跟踪效果和跟踪成果的保障；另一方面，在团队参与和互动的过程中，可以实现智慧共享，提高全体销售人员的业务素质和能力。

绝对成交
批量复制销售冠军

  该管理模式过程简单而且结果明确,通过三个输出来锁定销售人员的时间价值,即客户档案、重点客户跟进记录,以及销售人员的行动日程,从而把先前随机的客户跟进行为变成有规划的系统性安排,让销售人员的时间和客户跟进变得更有针对性,从而实现对客户资源的长期持续经营。

  这就是保障销售团队整体高效能的时间价值管理模式。

跋

营销工业化——成长型企业二次创业的开始

在帮助企业导入营销工业化系统的过程中,我们发现营销工业化其实并不仅仅解决了企业的营销问题,而且还围绕营销或者说企业的业务主线,推动或者试图推动整个企业经营体系及模式的改变,以帮助企业适应新条件下市场的变化和要求。主要体现在三个大的方面:

首先,在基于市场和客户导向推动以业务为主线的团队协同过程中,企业内部会出现不同程度的职能调整,帮助职能团队走出"职能深井",甚至开始逐步实现去职能化,转而成为业务部门的BP(业务伙伴)。这也给企业的组织发展带来了新的可能性。

其次,在营销工业化的方法论带动下,很多企业开始推动核心业务流程梳理,发现和解决了很多不适应当前市场需要的过时的管理标准,从而推动了企业内部的规范化和标准化沉淀,推动了企业管理水平上了新的台阶。

最后,在落地营销工业化系统的过程中,营造出的良好的企业内部氛围,推动了企业的文化重塑,并逐步帮助企业推动业务转型与方向调整。

在如何设定业务方向实现企业战略转型的问题上,不同的人有不同的

绝对成交
批量复制销售冠军

看法和做法。事实上，在这个问题上一直有两种不同的声音：一种是在原有业务遭遇冲击的情况下，培育或发展全新业务；二是在现在资源条件下做深挖或延伸。这两种做法其实都有成功和失败的案例。归根结底，企业的任何战略选择都只不过是对企业资源和能力提出了新的要求而已。

我们仍然认为，做法无所谓对错，重要的还是取决于企业的目标与资源现状。很多成长型企业在转型时会习惯性地选择正在做的事情之外的事情，这是存在巨大风险的。另起炉灶并非不可能，只是这种做法如果没有相应的能力和资源支撑，面临的挑战会很大，失败的概率也就会很高。这对于成长型企业而言是一个巨大的不确定性，可能会给企业的持续和稳定发展带来不可挽回的影响。

实际上，二者都只是业务多元化的一种，只是后者是相关多元化，即利用企业现有的资源和条件，尤其是客户资源发展新业务，在充分利用现有资源的条件下，用新的产品或服务满足客户新增的需求。这在我们看来，可能更符合当前成长型企业的资源和人员条件。因为我们发现很多成长型企业的市场资源利用水平其实并不高，存在很大的可开发空间。营销工业化的基本假设，就是要在满足市场需求变化的基础上，追求已有资源和优势条件的充分利用！

所以，营销工业化可以理解为成长型企业二次创业的一个新的起点，它是众多成长型企业实现再次辉煌的开始！

让我们一起飞！

致　谢

　　写下最后一行文字的时候，内心依旧忐忑。

　　首先需要说明的是，本书的完成绝非凭一己之力，而是真正意义上集体智慧的结果！

　　营销工业化系统从酝酿到成熟和基本成型经过了漫长的过程，历时数年时间。起初并无要写此书的想法，只是随着在数十家企业先后导入咨询项目后，看到客户端出现的巨大变化，在欣慰和欣喜的同时，深感帮助更多企业实现市场化转型，才是我应该为之奋斗的目标与使命。还有更多的成长型企业和追求发展的销售精英，确实需要通过此营销工业化的方法论实现转型与升级，而自己在企业辅导的精力毕竟有限，所以终于在2019年冬季一次企业端导入项目的过程中，机缘巧合之下，我突发奇想：无论多么忙碌，多么困难，一定要竭己之力，把在企业一线咨询与实战过程中的心得与收获、众多优秀企业和学员的智慧，以及项目期间因时间关系未来得及完全呈现的内容，一并毫无保留地完整整理出来，分享给更多有需要的企业与个人，以继续支持他们突出重围实现成功转型，不断向前。

　　有学员知道后问：朱顾问，你这样毫无保留和盘托出难道不担心会砸了自己的饭碗吗？

绝对成交
批量复制销售冠军

说实话，我从未想过这个问题。

事实上，写就一本真正可以帮助销售人员、管理者实现持续业绩倍增、值得反复阅读的营销参考书，才是内心最强烈的所想。所以，我更愿意视这个版本为Version1.0，后续一定还会持续进化。我始终认为现有的营销工业化系统还有很大的提升空间，而且在不同的企业和个人实践过程中，一定会有更多新的创新和提高，就像过去的几年中，无论是我本人，还是我们的客户和学员，都在持续进步，不断进化，从未停歇。

确实，完成本书是一个痛苦而又重获新生的过程。在繁忙的企业辅导和实践之余，常常为找到了灵感而兴奋不已，夜不能寐。本书终于得以完稿，这期间要感谢很多人。

首先，要感谢那些用自己的行动和市场实践，不断验证和帮助完善营销工业化系统的广大客户和学员！在不断升级提高的过程中，他们总是不离不弃，勇于超越昨天的自己！这给了我极大的信心与动力。同时，也要特别感谢企业管理出版社的李坚编辑，因为他的专业，让我能够对本书的内容体系选择坚守，英雄惜英雄！

当然，在自我成长的过程中，还有很多帮助过、鼓励过我的人们，在此一并真诚致谢！没有你们的支持，就没有本书的完成。同样，没有你们的鼓励，也没有我们今天的进步！

感谢你们的赋能与激发！

新的营销时代已来，销售新时代的精英们，一起加油！

生命若不是现在，那是何时？